¿

N

Q

D

CECIL MURPHEY
Y TWILA BELK

¿PUEDEN NUESTROS SERES QUERIDOS VERNOS DESDE EL MÁS ALLÁ?

GRUPO NELSON
Una división de Thomas Nelson Publishers
Desde 1798

NASHVILLE   MÉXICO DF.   RÍO DE JANEIRO

A menos que se indique lo contrario, todos los textos bíblicos han sido tomados de la Santa
Biblia, Nueva Traducción Viviente, © Tyndale House Foundation, 2010. Usada con permiso
de Tyndale House Publishers, Inc., 351 Executive Dr., Carol Stream, IL 60188, Estados
Unidos de América. Todos los derechos reservados.

Citas bíblicas marcadas «NVI» son de la Santa Biblia, Nueva Versión Internacional® NVI® ©
1999 por Biblica, Inc.® Usada con permiso. Todos los derechos reservados mundialmente.

Citas bíblicas marcadas «RVR60» son de la Versión Reina-Valera 1960 © 1960 por Sociedades
Bíblicas en América Latina, © renovado 1988 por Sociedades Bíblicas Unidas. Usada con
permiso. Reina-Valera 1960˚ es una marca registrada de la American Bible Society y
puede ser usada solamente bajo licencia.

Editora en Jefe: *Graciela Lelli*
Traducción y adaptación del diseño al español: *Ediciones Noufront /
www.produccioneditorial.com*

ISBN: 978-0-52910-932-3

Impreso en Estados Unidos de América
14 15 16 17 18 RRD 9 8 7 6 5 4 3 2 1

Contenido

Prefacio 7

Introducción: ¿Qué es el cielo? 9

¿Qué quiere decir la Biblia con «cielo»? 11

¿Cómo podemos explicar el cielo? 14

¿Qué es el paraíso? ¿Es diferente del cielo? 16

¿Qué diferencia hay entre el reino de Dios y el reino
de los cielos? 18

¿Qué dice la Biblia acerca de la muerte? 20

¿Qué haremos en el cielo? 26

¿Cuándo recibimos nuestras recompensas? 29

¿Qué forma tendrán las recompensas? 34

¿Habrá diferentes castigos en el infierno? 35

¿Hay diferentes niveles en el cielo? 37

¿Qué son el nuevo cielo y la nueva tierra? 39

¿Quién irá al cielo? 43

Cuando morimos, ¿vamos inmediatamente al cielo? ... 44

¿Qué les ocurre a los impíos? 53

¿Qué es el infierno? 59

¿Existirá el tiempo en el cielo? 61

¿Pueden vernos ahora nuestros seres queridos que han
muerto? 64

¿Podremos ser felices en el cielo si nuestros seres queridos
están en el infierno? 66

¿Tendremos un cuerpo diferente en el cielo? 69

¿Reconoceremos a los demás en el cielo? 73

¿Los bebés que mueren van al cielo? 75

¿Habrá animales en el cielo? 78

¿Los cristianos creen en la reencarnación? 81

¿Seremos seres sexuales en el cielo? 87

¿Qué son las experiencias cercanas a la muerte? 89

¿Qué causa las experiencias cercanas a la muerte? 93

¿Qué es lo que suele ocurrir en las experiencias cercanas

a la muerte? 101

¿Qué hay de aquellos que dicen haber ido al infierno? 105

¿No habla la Biblia de «morir una sola vez»? 106

¿Cuáles son los efectos secundarios de las experiencias

cercanas a la muerte? 113

¿Cuáles son las características de las experiencias cercanas

a la muerte? 118

¿Qué es la «conciencia cercana a la muerte»? 125

¿Qué hacen las personas cuando se les acerca la muerte? 128

¿Qué debemos considerar cuando nos comuniquemos con

los moribundos? 131

¿Puede un ser querido fallecido aparecerse realmente a una

persona? 133

Últimas palabras de famosos y de infames 135

Notas 139

Agradecimientos 144

PREFACIO

En este libro, *¿Pueden nuestros seres queridos vernos desde el más allá?* incluímos lo que llamamos «la sección teológica» o apología, esto es, una defensa de nuestro título *Creo en el cielo*. También puedes llamarla «sección de referencia». Aquí sacamos a relucir las preguntas más comunes acerca del cielo y tratamos de proporcionar respuestas.

Entre muchos de estos temas, los cristianos están divididos; así pues, en un intento de ser justos, he evitado hacer afirmaciones definitivas sobre áreas donde existen estas diferencias. Más bien he intentado ser lo más fiel posible a la hora de presentar las diferentes posiciones sobre estas cuestiones, tales como:

- ¿Dónde vamos cuándo morimos?
- ¿Hay un estado intermedio entre la muerte y la resurrección?
- ¿Veremos a nuestras mascotas en el cielo?

• ¿El infierno es una realidad?

Cuando creo que puedo dar una respuesta bíblica a estas preguntas con integridad, la doy. Sin embargo, no importa la intensidad con la que algunas personas sientan otros temas, muchas de las preguntas usuales no tienen respuestas definitivas en el libro sagrado de respuestas de Dios: la Biblia.

Finalmente, me recuerdo a mí y a los lectores las palabras de Moisés:

El SEÑOR nuestro Dios tiene secretos que nadie conoce. No se nos pedirá cuenta de ellos. Sin embargo, nosotros y nuestros hijos somos responsables por siempre de todo lo que se nos ha revelado, a fin de que obedezcamos todas las condiciones de estas instrucciones. (Dt 29.29)

INTRODUCCIÓN

¿Qué es el *cielo*?

CECIL MURPHEY

El cielo es donde Dios habita.

El cielo se refiere al lugar perfecto donde viviremos en la presencia de Dios por la eternidad. Es un lugar de absoluta felicidad y Dios enjuga los recuerdos de nuestras pasadas imperfecciones.

El cristianismo define nuestro futuro en el cielo como una estancia en la presencia de Dios, con moradas preparadas por Jesús para los fieles, donde viviremos en una dicha eterna más allá de lo que pudiéramos atisbar en esta vida (ver Juan 14.1–4).

Aquellos a los que se permita entrar al cielo recibirán unos cuerpos nuevos o glorificados que no se deteriorarán. La muerte habrá desaparecido.

¿Qué quiere decir la Biblia con «cielo»?

Cuando intentamos descifrar lo que la Biblia dice acerca del cielo, necesitamos recordar que probablemente nos estemos haciendo preguntas que no les importaban a los creyentes del primer siglo. Aquellas cuestiones se desarrollaron después de que el cristianismo se convirtiese en la religión oficial del Imperio Romano. Jeffrey Burton Russell lo dice así:

> No existe en el Nuevo Testamento una visión única del cielo, lo que deja muchas cuestiones sin resolver y abiertas para debatir en los siglos posteriores. Las epístolas y los evangelios dicen poco acerca de un paraíso celestial, porque los primeros escritores cristianos esperaban el inminente regreso de Cristo y el fin del mundo [...] Al final de los tiempos, Cristo uniría a judíos y a gentiles, circuncisos e incircuncisos, en el realizado Reino de Dios o Reino de los Cielos.[1]

La *Nueva Versión Internacional* señala 422 entradas para «cielo» o «cielos» con una variedad de significados, así que tenemos que determinar por el contexto lo que los escritores querían decir. La palabra hebrea más usada para el cielo en el Antiguo Testamento es *samayim* (las alturas), que se refiere a la atmósfera por encima de la tierra. Los antiguos representaban el mundo como una estructura en tres niveles con el lugar de los muertos debajo, la tierra en el medio y el cielo arriba.

Para nosotros, el cielo es:

- El domicilio o lugar de residencia de Dios y los ángeles;
- El destino final de todos los que confían en Jesucristo;
- Los cielos por encima de la tierra;
- El habitáculo de Dios;
- Un sinónimo de la voluntad de Dios;
- La capital del reino de Dios; y
- El domicilio eterno de los cristianos después de la resurrección de todos los creyentes.

Varias veces en la Biblia leemos de gente mirando hacia el cielo. En Hechos 1.9–11, leemos que después de la resurrección de Jesús, «fue levantado en una nube mientras ellos observaban, hasta que ya no pudieron verlo. Mientras se esforzaban por verlo ascender al cielo, dos hombres vestidos con túnicas blancas de repente se pusieron en medio de ellos. "Hombres de Galilea —les dijeron—, ¿por qué están aquí parados, mirando al cielo? Jesús fue tomado de entre ustedes y llevado al cielo, ¡pero un día volverá del cielo de la misma manera en que lo vieron irse!"».

Los antiguos hebreos no tenían una palabra para «universo». Las frecuentes referencias al cielo expresan la idea por el término «cielo» y «tierra»:

- «¿Acaso hay otro dios en el cielo o en la tierra que pueda hacer cosas tan grandes y poderosas como las que haces tú?» (Dt 3.24).
- «Entonces recuerda lo siguiente y tenlo siempre presente: el Señor es Dios en los cielos y en la tierra, y no hay otro» (Dt 4.39).
- «Mira, los cielos más altos, y la tierra y todo lo que hay en ella pertenecen al Señor tu Dios» (Dt 10.14).

Los hebreos creían que Dios estaba siempre presente y omnipresente, pero que el cielo era Su lugar especial. David dijo: «Hermanos de mi pueblo, escúchenme. Yo tenía el propósito de construir un templo para que en él reposara el arca del pacto del SEÑOR nuestro Dios y sirviera como estrado de sus pies» (1 Cr 28.2, NVI). Isaías escribe: «Esto dice el SEÑOR: "El cielo es mi trono y la tierra es el estrado de mis pies"» (Is 66.1).

Los escritores del Nuevo Testamento usan esta imagen varias veces. En el Sermón del Monte, cuando Jesús enseña contra hacer juramentos, insta: «No digas: "¡Por el cielo!", porque el cielo es el trono de Dios. Y no digas: "¡Por la tierra!", porque la tierra es donde descansa sus pies» (Mt 5.34–35). El Nuevo Testamento usa *ouranos*, una palabra griega que se refiere al cielo o al aire:

- «En el principio echaste los cimientos de la tierra y con tus manos formaste los cielos» (Heb 1.10).
- «Deliberadamente olvidan que Dios hizo los cielos al ordenarlo con una sola palabra y sacó la tierra de las aguas y la rodeó con agua» (2 P 3.5).

En resumen, el cielo es mucho más que un lugar en el que pasar la eternidad; también es el lugar donde Dios «habita». No tendremos que ver como si estuviéramos viendo por unos cristales empañados, sino que allí *es* donde podremos ver a Dios cara a cara. También tenemos la afirmación divina: «¡Miren, el hogar de Dios ahora está entre su pueblo! Él vivirá con ellos, y ellos serán su pueblo. Dios mismo estará con ellos» (Ap 21.3).

¿Cómo podemos explicar el cielo?

La Biblia no aborda todas nuestras preguntas. Nosotros queremos respuestas específicas, pero Dios ha elegido darnos solo respuestas generales y, frecuentemente, las afirmaciones aparecen en un lenguaje altamente simbólico.

Cuando Dios nos habla del cielo, es parecido a lo que nosotros contamos a los preescolares que preguntan: «¿De dónde vienen los niños?». La respuesta que les damos a esos niños ciertamente difiere de lo que le contaríamos a un adolescente. Le damos explicaciones que se ajustan a su capacidad. ¿No tiene sentido mantener esa idea en mente cuando se trata de cuestiones acerca de las cosas eternas?

En las preguntas y respuestas que siguen en este libro, hemos elegido permanecer en silencio donde la Biblia lo guarda. Demasiadas cosas de las que nos encontramos en los escritos contemporáneos destilan de respuestas emocionales o argumentos lógicos y racionales. Pueden tener razón... o estar equivocados. Solo Dios lo sabe.

Cuando comprendamos la verdad del cielo en el cielo, las preguntas no importarán. Nuestra intención en este libro es evitar conjeturas y suposiciones acerca de lo desconocido. Permanecemos firmes en los registros bíblicos, pero no estamos dispuestos a aceptar especulaciones como hechos.

Si realmente creemos en un Dios amante y benevolente, ¿acaso no podemos descansar seguros en su provisión más que adecuada para cada necesidad? ¿No podemos admitir que con

nuestras mentes limitadas y defectuosas es imposible que nosotros comprendamos lo que Dios ha preparado para aquellos de
nosotros que le amamos?

Tomamos la posición declarada por el apóstol Pablo en 1 Corintios 2.9 donde, refiriéndose a Isaías 64.4, él escribe: «Ningún
ojo ha visto, ningún oído ha escuchado, ninguna mente ha imagi-
nado, lo que Dios tiene preparado para quienes lo aman».

¿Qué es el paraíso? ¿Es diferente del cielo?

Cuando el apóstol Pablo escribe de su experiencia de ir al cielo en 2 Corintios 12, usa los términos «tercer cielo» y «paraíso» (del griego *paradeisos*) de forma intercambiable: «Hace catorce años fui llevado hasta el tercer cielo [...] sí sé que fui llevado al paraíso y oí cosas tan increíbles que no pueden expresarse con palabras, cosas que a ningún humano se le permite contar» (vv. 2, 4).

Paradeisos es una palabra de origen persa; la Septuaginta la usa para traducir la palabra *Edén* (del hebreo *edhen*).[2] Significa «un huerto de placer y frutos», un jardín, un terreno de placer, o simplemente un huerto. La palabra hebrea *Edhen* aparece tres veces en el Antiguo Testamento: 1) Cantar de los Cantares 4.13, 2) Eclesiastés 2.5 (jardines) y 3) Nehemías 2.8 (traducido de varias maneras, aunque la NTV y la NVI utilizan «bosque»).

Jesús usa la palabra solo una vez cuando le dice al ladrón arrepentido: «Te aseguro que hoy estarás conmigo en el paraíso» (Lucas 23.43).

Si consideramos la palabra tal y como la usaron Jesús y Pablo y pensamos del modo en que habrían reaccionado los cristianos del primer siglo, las palabras «jardín» o «huerto» habrían tenido un poderoso significado para ellos. Les habría hecho pensar en el Edén original de la Biblia: un lugar perfecto donde Dios provee para cada necesidad.

Jesús y Pablo hablaron en un lenguaje simbólico para expresar lo inexpresable: el gozo definitivo y la providencia de Dios para los creyentes. Como dice Jeffrey Burton Russell:

Tradicionalmente, el cielo es un lugar, un sitio sagrado. La sacralidad de este espacio se expresa en metáforas de reino, jardín, ciudad o esferas celestiales. Jesús se refiere a ello casi siempre como un reinado o un reino, una metáfora de la soberanía de Dios sobre todo ello. Esto se empareja con la imaginería del trono de Dios en el centro del cielo. El reino era la metáfora más común en la tradición oriental, una ciudad en la occidental.

El jardín es la metáfora más común. Su origen está en la Biblia hebrea: el jardín del paraíso terrenal en el comienzo del mundo. Esto se enlazaba a través del «jardín privado» de la Biblia hebrea hasta las imágenes grecorromanas del [...] «lugar encantador».[3]

Russell añade que el jardín privado «es el domicilio original de Adán y Eva. La imaginería más cercana a ello de Génesis es un huerto o un bosque».[4]

¿Qué diferencia hay entre el reino de Dios y el reino de los cielos?

«El reino de Dios» y «el reino de los cielos» seguramente significan lo mismo, aunque algunos ven estos dos términos usados de forma diferente.

Aquellos que insisten que son distintos siguen las enseñanzas que vienen de las notas de la *Biblia de Estudio Scofield*, que ha dominado la teología cristiana en lengua inglesa desde su publicación en 1909 hasta años recientes, y que todavía prevalece entre cristianos dispensacionales. Scofield distingue entre los dos términos y enseña que el reino de Dios es principalmente interior y espiritual. Él cree que tienen mucho en común, pero que los términos se fusionarán cuando Cristo ponga todas las cosas bajo sus pies.

Un modo de expresarlo es decir que «el reino de los cielos... es la esfera de una profesión que puede ser real o falsa», mientras que el reino de Dios es interior y espiritual. La gente entra en el reino de Dios solamente por medio de un nuevo nacimiento (ver Jn 3.3).[5]

El término «reino de Dios» aparece sesenta y ocho veces en diez libros bíblicos diferentes, mientras que «reino de los cielos» solamente aparece treinta y dos veces... y *solo* en el evangelio de Mateo. Muchos expertos suponen que Mateo usa el término «cielos» porque estaba escribiendo principalmente para judíos, y ese habría sido el modo en que ellos hablaban y pensaban: evitando utilizar palabras para Dios.

El modo más obvio de ver que estos dos términos se refieren a la misma cosa es comparar su uso en Mateo con el de Lucas, y ver que ambos escritores utilizan el término para señalar lo mismo. Un ejemplo está en Mateo 11.11 y Lucas 7.28, refiriéndose ambos a Juan el Bautista. Mateo dice que el más pequeño en el reino de *los cielos* es mayor que Juan, mientras que Lucas dice que el más pequeño en el reino de *Dios* es mayor.

Para aquellos que quieran examinar los lugares donde Marcos y Lucas usan «el reino de Dios» mientras Mateo prefiere «reino de los cielos», comparen estos versículos:

- Mateo 11.11–12 con Lucas 7.28;
- Mateo 13.11 con Marcos 4.11 y Lucas 8.10;
- Mateo 13.24 con Marcos 4.26;
- Mateo 13.31–32 con Marcos 4.30–32 y Lucas 13.18–19;
- Mateo 13.33 con Lucas 13.20–21;
- Mateo 18.3–4 con Marcos 10.14–15 y Lucas 18.16–17;
- Mateo 22.2 con Lucas 13.29.

En cada ocasión, Mateo se refiere a «reino de los cielos», mientras Marcos y Lucas escriben «el reino de Dios». Dado esto, la abrumadora visión de los expertos bíblicos es que los dos términos se refieren a la misma realidad.

¿Qué dice la Biblia acerca de la muerte?

No podemos hablar del cielo sin hablar del único suceso que nos manda allí: la muerte.

Cuando Don Piper, autor de *90 minutos en el cielo*, habla con alguien que ha perdido a un ser querido, a menudo dice «Siento su pérdida temporal». Es una forma excelente de pensar en la muerte para nosotros los cristianos: una separación transitoria de nuestros seres queridos. Para aquellos que son discípulos de Jesucristo, la muerte *es* transitoria, aunque tengamos una variedad de entendimientos acerca de lo que ocurre inmediatamente después de morir.

Desde la perspectiva humana, la muerte significa el final de la vida personal: la vida tal y como la conocemos. También afirmamos que la muerte no es el fin definitivo, pero es la única acción requerida en el viaje que conduce a la resurrección. Todos nosotros moriremos, y excepto para aquellos que estén vivos sobre la tierra cuando Jesús regrese, es una experiencia universal.

¿Pero cómo debemos mirar la muerte?

Las figuras bíblicas que encontramos en el Antiguo Testamento ciertamente lucharon con esta cuestión. Para ellos, las bendiciones de Dios significaban una larga vida en la tierra, llena de hijos y de tierras fructíferas. El primer libro de Samuel 2.4–6, que es parte de la oración de Ana, parece coherente con la creencia de aquel periodo: «El Señor da tanto la muerte como la vida».

Al comienzo de las aflicciones de Job, él alababa a Dios y decía: «Desnudo salí del vientre de mi madre y desnudo estaré cuando me vaya. El Señor me dio lo que tenía y el Señor me lo ha quitado. ¡Alabado sea el nombre del Señor!» (Job 1.21).

En los Diez Mandamientos, Dios les dice a los israelitas que honren a sus padres y añade: «Entonces tendrás una vida larga y plena en la tierra que el Señor tu Dios te da» (Dt 5.16).

El salmo 128 declara la actitud de aquellos que seguían a Dios antes de la llegada de Jesucristo:

¡Qué feliz es el que teme al Señor, todo el que sigue sus caminos! Gozarás del fruto de tu trabajo; ¡qué feliz y próspero serás! Tu esposa será como una vid fructífera, floreciente en el hogar. Tus hijos serán como vigorosos retoños de olivo alrededor de tu mesa. Esa es la bendición del Señor para los que le temen. Que el Señor te bendiga continuamente desde Sión; que veas prosperar a Jerusalén durante toda tu vida. Que vivas para disfrutar de tus nietos. ¡Que Israel tenga paz!

En varios lugares del Antiguo Testamento, en traducciones como la Reina Valera, leemos que alguien «era viejo y lleno de años». Las versiones modernas traducen la frase como que vivió «una vida larga y plena» (véase, como ejemplo, Job 42.17). La frase se refiere a una vida llena de la triple bendición de prosperidad, muchos hijos y una vida larga.

A veces los antiguos hablaban de la muerte como un mal y algo sobre lo que no tenían control los humanos. Lo encontramos en Salmos 89.48, donde el salmista escribe: «Nadie puede vivir para siempre; todos morirán; nadie puede escapar del poder de la tumba». En una de las canciones de alabanza de David, él dice que Dios le salvó de la muerte al igual que de sus enemigos: «La tumba me envolvió con sus cuerdas; la muerte me tendió una trampa en el camino» (2 S 22.6). David continúa diciendo que en su angustia, clamó y Dios le liberó.

En otras ocasiones, los autores del Antiguo Testamento hablan de reunirse con sus padres, como encontramos en Génesis 49.33. Este pasaje se traduce de diferentes maneras, pero el significado es claro:

- «Fue a reunirse con sus antepasados» (NVI).
- «Se reunió con sus antepasados al morir».
- «Fue reunido con sus padres» (RVR60).

Los autores bíblicos normalmente utilizaban *Seol* para referirse al lugar de la muerte. Algunas veces esa palabra tiene un tono neutral y simplemente significa la tumba como el destino de toda la humanidad (ver Gn 37.35). Sin embargo, también puede llevar un tono más siniestro (ver Os 13.14). Se puede incluso referir a la separación de la presencia de Dios (ver Is 38.10–11).

En Salmos 6.5, David escribe que los muertos no pueden alabar a Dios. Salmos 115.17 afirma que «bajan al silencio» (NVI) o «entran en el silencio de la tumba». Isaías escribe que ellos no pueden esperar en la fidelidad de Dios (ver Is 38.18).

Aunque los antiguos griegos pensaban en la muerte como un ascenso a Dios, los hebreos veían el *Seol* como un descenso. En Job 11.8 Zofar le dice a Job: «Tal conocimiento es más alto que los cielos y tú, ¿quién eres? Es más profundo que el averno, ¿y qué sabes tú?». David escribe: «Que la muerte aceche a mis enemigos; que la tumba [*Seol*] se los trague vivos» (Sal 55.15).

Proverbios 15.24 afirma: «El sabio sube por el sendero de vida, para librarse de caer en el sepulcro [*Seol*]» (NVI).

Al hablar contra Babilonia, Isaías escribe: «¡Pero has sido arrojado al sepulcro, a lo más profundo de la fosa!» (Is 14.15, NVI). Ezequiel usa la misma imagen de descenso por medio de los cedros del Líbano: «Para que ningún árbol, por bien regado que esté, vuelva a elevar su copa hasta las nubes. Todos están destinados a la muerte, a bajar a las regiones profundas de la tierra y quedarse entre los mortales que descienden a la fosa» (Ez 31.14, NVI). Otras referencias similares se incluyen en Salmos 64.9 y en Ezequiel 32.18.

En el Antiguo Testamento no leemos una idea completamente desarrollada de un lugar celestial eterno y dichoso como vemos en el Nuevo Testamento. Los autores a menudo suponen algo más allá de la muerte, pero poco más, como revelan los siguientes pasajes:

- «¿Debo [Dios] rescatarlos de la tumba? ¿Debo redimirlos de la muerte?» (Os 13.14).
- «Me mostrarás el camino de la vida, me concederás la alegría de tu presencia y el placer de vivir contigo para siempre» (Sal 16.10–11).
- «Porque muy grande es tu amor por mí; me has rescatado de las profundidades de la muerte [*Seol*]» (Sal 86.13).

Estas afirmaciones pueden referirse a la victoria, o a la sanación de una enfermedad terminal, o de una vida todavía no definida después de la muerte.

Durante y después del exilio de los judíos en Babilonia, la esperanza de una salvación divina para los justos trajo el tema a primera plana. La nota más clara del más allá en el Antiguo Testamento aparece en Daniel 12.2: «Se levantarán muchos de los que están muertos y enterrados, algunos para vida eterna y otros para vergüenza y deshonra eterna».

En el Nuevo Testamento, la esperanza cristiana de la resurrección no dice que la tierra devuelva a los muertos, como si la acción fuera una resucitación de cadáveres que regresan a la existencia terrenal. Más bien la resurrección significa nuestra elevación a un plano más alto y perfeccionado de existencia: un tiempo en el que experimentaremos completo compañerismo con Dios y con los demás.

La resurrección también significa que viviremos en un nuevo cielo y una nueva tierra, o la nueva Jerusalén. Como Juan afirma: «Entonces vi un cielo nuevo y una tierra nueva, porque el primer cielo y la primera tierra habían desaparecido... Y vi la ciudad santa, la nueva Jerusalén, que descendía del cielo desde la presencia de Dios, como una novia hermosamente vestida para su esposo» (Ap 21.1–2). Juan continúa en este tono en Apocalipsis 21–22, escribiendo en lenguaje simbólico, pero haciéndolo suficientemente claro para que los lectores vean la profunda comprensión de una vida más allá de la muerte humana.

El Nuevo Testamento también aclara que Dios da un adelanto, o un pago inicial, para asegurar ese futuro: «El Espíritu es la garantía que tenemos de parte de Dios de que nos dará la herencia que nos prometió y de que nos ha comprado para que seamos su pueblo» (Ef 1.14). El apóstol Pablo también lo aclara en Romanos 8.23: «Y los creyentes también gemimos —aunque tenemos al Espíritu de Dios en nosotros como una muestra anticipada de la gloria futura— porque anhelamos que nuestro cuerpo sea liberado del pecado y el sufrimiento. Nosotros también deseamos con una esperanza ferviente que llegue el día en que Dios nos dé todos nuestros derechos como sus hijos adoptivos, incluido el nuevo cuerpo que nos prometió».

¿Qué haremos en el cielo?

En el cielo seguramente nuestros cuerpos glorificados o espirituales estarán activos, y no hay razón para pensar que nuestras mentes no se usarán. Sin las limitaciones del pecado y la enfermedad, parece razonable que nuestras mentes sean todavía más fuertes y útiles.

Piensa en un nuevo Edén: un regreso a la inocencia y a la belleza del paraíso original que Dios creó para la raza humana. Adán y Eva tenían que cuidar del jardín y atender a los animales. Si recuperamos el acceso al «Árbol de la vida» (que es simbólico), significa que viviremos para siempre.

Pablo, predicando en Listra, dijo que se había permitido que las naciones fueran a su aire, «pero [Dios] nunca las dejó sin pruebas de sí mismo y de su bondad. Por ejemplo, les envía lluvia y buenas cosechas, y les da alimento y corazones alegres» (Hch 14.17). El argumento de algunos es que si eso es verdad entre almas pecadoras y rebeldes, cuánto más nos dará Dios abundantemente en la nueva tierra.

Algunos han apelado a Job 38—39, donde Dios habla de todas las maravillas naturales, y especialmente de los animales y los pájaros. Esos versículos apuntan, dicen algunos, a que el nuevo reino de Dios incluirá la actividad de las criaturas. Además, la actividad física parece coherente con todo lo que Dios hace para la humanidad. Él colocó a la pareja en el Jardín y al final del sexto día, leemos:

Luego Dios los bendijo con las siguientes palabras:

«Sean fructíferos y multiplíquense. Llenen la tierra y gobiernen sobre ella. Reinen sobre los peces del mar, las aves del cielo y todos los animales que corren por el suelo». Entonces Dios dijo: «¡Miren! Les he dado todas las plantas con semilla que hay sobre la tierra y todos los árboles frutales para que les sirvan de alimento. Y he dado toda planta verde como alimento para todos los animales salvajes, para las aves del cielo y para los animales pequeños que corren por el suelo, es decir, para todo lo que tiene vida»; y eso fue lo que sucedió. (Gn 1.28–30)

De nuevo, es un llamado a la lógica, pero si Dios hizo todo eso en el principio cuando la raza humana estaba sin pecado, ¿no sería coherente tener un mundo restaurado sin mancha?

El libro de Apocalipsis habla del final de nuestras vidas terrenales con el canto de victoria y alabanza del capítulo 19. Algunos han tomado esta imagen y han hecho una parodia o una burla de que el cielo no fuese más que gente sentada en nubes con arpas y alabanzas. Eso no se parece a nada en la Biblia. Apocalipsis 21 nos habla del nuevo cielo y de la nueva tierra y lo llama la nueva Jerusalén:

Oí una fuerte voz que salía del trono y decía: «¡Miren, el hogar de Dios ahora está entre su pueblo! Él vivirá con ellos, y ellos serán su pueblo. Dios mismo estará con ellos [...] y no habrá más muerte ni tristeza ni llanto ni dolor. Todas esas cosas ya no existirán más». Y el que estaba sentado en el trono dijo: «¡Miren, hago nuevas todas las cosas!». (vv. 3–5)

Si leemos estos versículos a través de la forma de entender de los creyentes del primer siglo (muchos de ellos judíos convertidos), pensaremos inmediatamente en el Edén. La declaración de todas las cosas nuevas hecha por Dios implica no solo la restauración del Edén, sino incluso un lugar mejor.

¿Cuándo recibimos nuestras recompensas?

La palabra griega para recompensa es *misthos* y significa «pagar por un servicio». Puede que este sea un buen modo de considerar las recompensas para los creyentes.

Necesitamos ser claros en una cosa: ir al cielo es un *regalo*, no una recompensa. Pablo nos dice: «Dios los salvó por su gracia cuando creyeron. Ustedes no tienen ningún mérito en eso; es un regalo de Dios. La salvación no es un premio por las cosas buenas que hayamos hecho, así que ninguno de nosotros puede jactarse de ser salvo» (Ef 2.8–9).

Una vez recibido el regalo de la vida, cumplimos los requisitos para recibir el pago divino por nuestro compromiso y servicio a Jesucristo. Nada en la Biblia nos hace a todos iguales. La igualdad es el regalo de la entrada; más allá de eso, Dios reconoce y honra nuestras actividades libres de egoísmo y centradas en Dios.

En ningún lugar de la Biblia se nos habla específicamente de qué recompensas recibiremos. En cierto momento Jesús les dice a los doce apóstoles que ellos gobernarán sobre las doce tribus de Israel (ver Mt 19.28). Jesús, sin embargo, sigue diciendo:

> Y todo el que haya dejado casas o hermanos o hermanas o padre o madre o hijos o bienes por mi causa recibirá cien veces más a cambio y heredará la vida eterna. Pero muchos que ahora son los más importantes, en ese día serán los menos importantes, y aquellos

que ahora parecen menos importantes, en ese día serán los más importantes. (Mt 19.29–30)

Aquellas palabras llegaron al final de una ocasión en la que Jesús habla acerca de los que tienen riquezas. Añade: «Es más fácil que un camello pase por el ojo de una aguja que un rico entre en el reino de Dios» (v. 24). Llamamos a esta afirmación hipérbole, porque es exagerada y claramente imposible. Eso es a lo que Jesús se refiere: ninguno de nosotros puede comprar su entrada al cielo o llegar allí a causa de nuestra riqueza en la tierra.

El Nuevo Testamento contiene muchas promesas de recompensa:

- Pablo usa la imagen de la construcción de una casa con Jesucristo como el fundamento. Insta a sus lectores a construir con los materiales correctos. «El que edifique sobre este fundamento podrá usar una variedad de materiales: oro, plata, joyas, madera, heno u hojarasca; pero el día del juicio, el fuego revelará la clase de obra que cada constructor ha hecho [...] Si la obra permanece, ese constructor recibirá una recompensa, pero si la obra se consume, el constructor sufrirá una gran pérdida. El constructor se salvará, pero como quien apenas se escapa atravesando un muro de llamas» (1 Co 3.12–15).
- Jesús dice: «Dios los bendice a ustedes cuando la gente les hace burla y los persigue y miente acerca de ustedes y dice toda clase de cosas malas en su contra porque son mis seguidores. ¡Alégrense! ¡Estén contentos, porque les espera una gran recompensa en el cielo!» (Mt 5.11–12). También asegura: «Almacena tus tesoros en el cielo, donde

las polillas y el óxido no pueden destruir, y los ladrones no entran a robar» (Mt 6.20).

- Pablo escribe: «Trabajen de buena gana en todo lo que hagan, como si fuera para el Señor y no para la gente. Recuerden que el Señor los recompensará con una herencia y que el Amo a quien sirven es Cristo» (Col 3.23–24). También asegura: «Después de todo, ¿qué es lo que nos da esperanza y alegría?, ¿y cuál será nuestra orgullosa recompensa y corona al estar delante del Señor Jesús cuando él regrese? ¡Son ustedes!» (1 Ts 2.19).

- Pablo va al grano con la iglesia de los corintios diciendo que «vivimos en plena confianza, aunque sabemos que mientras vivamos en este cuerpo no estamos en el hogar celestial con el Señor», y añade: «Así que, ya sea que estemos aquí en este cuerpo o ausentes de este cuerpo, nuestro objetivo es agradarlo a él. Pues todos tendremos que estar delante de Cristo para ser juzgados. Cada uno de nosotros recibirá lo que merezca por lo bueno o lo malo que haya hecho mientras estaba en este cuerpo terrenal» (2 Co 5.6, 9–10). También asegura: «Por lo tanto, mis amados hermanos, permanezcan fuertes y constantes. Trabajen siempre para el Señor con entusiasmo, porque ustedes saben que nada de lo que hacen para el Señor es inútil» (1 Co 15.58).

- Jesús dice: «Miren, yo vengo pronto, y traigo la recompensa conmigo para pagarle a cada uno según lo que haya hecho» (Ap 22.12).

- Cuando Jesús enseña a la gente acerca del ayuno, ofrece una palabra práctica acerca de sus motivos: han de ayunar de forma que los demás no vean que lo están haciendo. «Así, nadie se dará cuenta de que estás ayunando, excepto tu Padre, quien sabe lo que haces en privado; y tu Padre, quien todo lo ve, te recompensará» (Mt 6.18).

- La Biblia aclara que no solo es lo que hacemos, sino también la motivación que hay detrás de nuestros actos. En Mateo 6.1, Jesús nos advierte: «No hagan sus buenas acciones en público para que los demás los admiren», y añade: «porque perderán la recompensa de su Padre, que está en el cielo».

- Jesús también dice que cuando damos a aquellos en necesidad no hemos de llamar la atención sobre nuestro acto. Si lo hacemos: «Les digo la verdad, no recibirán otra recompensa más que esa» (Mt 6.2). Después les exhorta: «Entrega tu ayuda en privado, y tu Padre, quien todo lo ve, te recompensará» (v. 4).

Cuando deseamos servir a Dios y no ser alabados por los demás, ganamos recompensas. Eso significa que nuestra razón para actuar es el amor y no que queramos recibir recompensas por nuestros esfuerzos.

Mucha gente hoy supone que aquellos que tienen nombres o ministerios prominentes serán de los primeros para las recompensas. Pero en Mateo 20.16, Marcos 10.31 y Lucas 13.30, Jesús enuncia el principio de que aquellos que son los primeros en esta vida serán los últimos en el cielo. Esto no debe tomarse literalmente, sino simplemente quiere decir que aquellos que parecen ser los cristianos más grandes y admirados puede que reciban su pago por medio de la alabanza humana ahora... y ese puede ser todo el alcance de su recompensa divina. Aquellos que parecen insignificantes puede que sean los más honrados.

Jesús dijo que cuando la gente prepare un festín, no deben invitar a sus amigos y familiares: «Pues ellos también te invitarán a ti, y esa será tu única recompensa. Al contrario, invita al pobre, al lisiado, al cojo y al ciego. Luego, en la resurrección de los justos, Dios te recompensará por invitar a los que no podían devolverte el favor» (Lc 14.12–14).

Otro modo de ver las recompensas es centrarse en la fidelidad. No importa cuáles sean nuestros dones espirituales (y de acuerdo a 1 Corintios 12, todos nosotros tenemos dones), Dios nos juzga según nuestra fidelidad al usar lo que tenemos.

Pablo lo aclara cuando se compara a sí mismo con Apolo y dice que ambos son servidores de Dios: «A los que reciben un encargo se les exige que demuestren ser dignos de confianza» (1 Co 4.2, NVI). El apóstol continúa diciendo que no le importa cómo le juzguen otros humanos, porque él ni siquiera se ha juzgado a sí mismo. «El que me juzga es el Señor. Por lo tanto, no juzguen nada antes de tiempo; esperen hasta que venga el Señor. Él sacará a la luz lo que está oculto en la oscuridad y pondrá al descubierto las intenciones de cada corazón. Entonces cada uno recibirá de Dios la alabanza que le corresponda» (vv. 4–5).

En ese corto pasaje el apóstol liga la fidelidad a la recompensa. Solo Dios conoce la verdadera fidelidad (o la verdadera motivación) para lo que hacemos.

¿Qué forma tendrán las recompensas?

He aquí otra pregunta para la que la Biblia no proporciona respuesta. Puesto que conocemos a Dios y confiamos en que Él es cariñoso y lo sabe todo, podemos suponer que el pago definitivo —sea cual sea la forma en la que ocurra— será más grande que cualquier cosa que podamos comprender mientras estemos vivos en la tierra.

En el Nuevo Testamento la Biblia utiliza dos conceptos para hablar acerca del futuro de los creyentes: coronas y recompensas. Parece obvio que las coronas no son un ornamento físico que la gente se ponga. El sentido común nos dice que el uso de *coronas* simplemente explica la idea de victoria y realización. La corona de la vida (ver Stg 1.12) puede referirse a la realidad de conseguir una relación eterna con Dios.

Para los creyentes del primer siglo, una corona simbolizaba poder y estatus. Imagina cómo una familia común, pobre, que ha trabajado duro para ganarse el pan diario se sentiría al escuchar que serían coronados y vivirían con honor y prosperidad.

Si somos coronados en el cielo, ¿no nos ayuda eso a captar la idea de un retorno maravilloso y arrollador de nuestras inversiones espirituales?

¿Habrá diferentes castigos en el infierno?

La Biblia no habla directamente de la cuestión de diferencias en el castigo; sin embargo, en la parábola del siervo infiel (ver Lucas 12.35–48) Jesús insinúa la respuesta.

Presenta su historia instando a sus seguidores: «Estén vestidos, listos para servir y mantengan las lámparas encendidas como si esperaran el regreso de su amo de la fiesta de bodas» (vv. 35–36). Como Pedro y los demás estaban confusos acerca de sus instrucciones, continuó diciendo: «Un siervo fiel y sensato es aquel a quien el amo puede darle la responsabilidad de dirigir a los demás siervos y alimentarlos» (v. 42).

La cuestión es clara: aquellos que abusen de su responsabilidad y hagan mal a los demás serán juzgados según sus actos. Jesús entonces distingue entre dos clases de sirvientes: «Un siervo que sabe lo que su amo quiere, pero no se prepara ni cumple las instrucciones, será severamente castigado. Pero alguien que no lo sabe y hace algo malo, será castigado levemente» (vv. 47–48).

El pasaje termina con la advertencia de que el conocimiento trae responsabilidad. El pecado es aún más pecaminoso para aquellos que conocen el bien y fallan. «Alguien a quien se le ha dado mucho, mucho se le pedirá a cambio; y alguien a quien se le ha confiado mucho, aún más se le exigirá» (v. 48).

En otro pasaje, Jesús envía a sus doce discípulos a proclamar que el reino de los cielos está cerca y después les ordena que si la gente de cualquiera de esas ciudades no les recibe, ellos tienen que sacudir el polvo de sus pies mientras se marchan.

«Les digo la verdad, el día del juicio les irá mejor a las ciudades perversas de Sodoma y Gomorra que a esa ciudad» (Mt 10.15).

Ninguno de los pasajes citados habla claro de los niveles de castigo en el infierno, pero muchos cristianos deducen ese significado. La consecuencia es que los pecadores serán juzgados según la cantidad de luz y comprensión que tengan. Como Gary Habermas y J. P. Moreland afirman: «Esta diferenciación de castigos proporciona un medio equitativo de pecado con varios niveles de delito».[6]

¿Hay diferentes niveles en el cielo?

Cuando la gente hace esta pregunta, normalmente quieren saber si hay una primera, una segunda y una tercera capa de cielo. Toman literalmente las palabras de Pablo en 2 Corintios 12.2, donde escribe: «Hace catorce años fui llevado hasta el tercer cielo».

La lógica de esta afirmación supone que debe haber un primer y un segundo cielo. Algunos se aventuran a interpretar que Pablo está diciendo que solo los más espirituales de los cristianos irán al tercer cielo, o al más alto (fíjate que en la Biblia no se menciona un séptimo cielo).

De acuerdo a estos individuos, los cristianos normales van al segundo cielo; y aquellos que apenas entren en la dimensión especial (como el ladrón moribundo en la cruz) están asignados al primer nivel. No hay prueba de esa teoría.

Muchos expertos interpretan «tercer cielo» como un modo de expresar el lugar máximo de Dios. De hecho, Pablo nunca insinúa que haya tres cielos o siquiera tres niveles de cielo: el concepto probablemente se origina en los nueve niveles diferentes de cielo e infierno presentados en la *Divina Comedia* de Dante. Este libro es una obra de ficción.

Como señalamos en otro sitio, la Biblia habla de recompensas en el cielo para los creyentes. En 2 Timoteo 4.6–8, Pablo escribe a su discípulo:

En cuanto a mí, mi vida ya fue derramada como una ofrenda a Dios. Se acerca el tiempo de mi muerte. He peleado la buena batalla, he terminado la carrera y he permanecido fiel. Ahora me espera el premio, la corona de justicia que el Señor, el Juez justo, me dará el día de su regreso; y el premio no es solo para mí, sino para todos los que esperan con anhelo su venida.

Pablo no presenta elitismos o niveles especiales. Aunque hay diferentes grados de recompensa, la Biblia no enseña diferentes niveles de cielo.

Como muchos sabios han dicho: «Cuando la Biblia se calla, nosotros nos callamos».

¿Qué son el nuevo cielo y la nueva tierra?

En varios lugares de la Biblia leemos acerca de un nuevo cielo y una nueva tierra. Isaías hace la primera referencia bíblica a esas palabras provenientes de Dios:

> ¡Miren! Estoy creando cielos nuevos y una tierra nueva, y nadie volverá siquiera a pensar en los anteriores. Alégrense; regocíjense para siempre en mi creación. ¡Y miren! Yo crearé una Jerusalén que será un lugar de felicidad y su pueblo será fuente de alegría. Me gozaré por Jerusalén y me deleitaré en mi pueblo. Y el sonido de los llantos y los lamentos jamás se oirá en ella. (Is 65.17–19)

Pedro presenta una horrible imagen del final de este mundo:

> Pero el día del Señor llegará tan inesperadamente como un ladrón. Entonces los cielos desaparecerán con un terrible estruendo, y los mismos elementos se consumirán en el fuego, y la tierra con todo lo que hay en ella quedará sometida a juicio. Dado que todo lo que nos rodea será destruido de esta manera, ¡cómo no llevar una vida santa y vivir en obediencia a Dios, esperar con ansias el día de Dios y apresurar que este llegue! En aquel día, él prenderá fuego a los cielos, y los elementos se derretirán en las llamas. Pero nosotros

esperamos con entusiasmo los cielos nuevos y la tierra nueva que él prometió, un mundo lleno de la justicia de Dios. (2 P 3.10–13)

No todo el mundo está de acuerdo, pero esta afirmación puede señalar al nuevo mundo: «Dios bendice a los que son humildes, porque heredarán toda la tierra» (Mt 5.5). Como aún no hemos heredado la tierra en esta vida, puede que sea una promesa que Dios completará en el futuro.

Quizá uno de los mejores pasajes que nos permiten ver brevemente de antemano los nuevos cielos y la nueva tierra se encuentra en Apocalipsis 21—22. Aunque hay severas diferencias a la hora de interpretar este libro, muchos ven estos capítulos como una presentación simbólica de lo que está por venir. Por ejemplo, en Apocalipsis 21.1–4 se lee:

> Entonces vi un cielo nuevo y una tierra nueva, porque el primer cielo y la primera tierra habían desaparecido [...] Y vi la ciudad santa, la nueva Jerusalén, que descendía del cielo desde la presencia de Dios, como una novia hermosamente vestida para su esposo.
>
> Oí una fuerte voz que salía del trono y decía: «¡Miren, el hogar de Dios ahora está entre su pueblo! Él vivirá con ellos, y ellos serán su pueblo. Dios mismo estará con ellos. Él les secará toda lágrima de los ojos, y no habrá más muerte ni tristeza ni llanto ni dolor. Todas esas cosas ya no existirán más».

Esta es una visión profética de la culminación de la vida sobre la tierra y una presentación de lo que espera a los creyentes. Como gran parte del libro, las figuras y los símbolos que Juan usa, en especial aquellos del Antiguo Testamento, estaban hechos para explicar a las mentes humanas lo que somos incapaces de entender ahora.

Por esta razón, aunque leemos estos hermosos pasajes inspiradores, necesitamos recordarnos que Juan escribió el libro en medio de la persecución del gobierno romano. Usaba un lenguaje simbólico que los perseguidores probablemente no captarían para componer palabras que reconfortasen a los creyentes.

Esto significa que debemos tener cuidado a la hora de leer esos detalles. En vez de insistir en que las palabras de Juan son literales (aunque algunas de ellas pueden serlo), tenemos que pensar en el *propósito* de las palabras de Juan. Específicamente, *¿cuál era el mensaje que el Espíritu Santo (actuando por medio de Juan) quería comunicar a los creyentes del primer siglo?*

Destaco la cautela con la que debemos leer los detalles porque ninguno de nosotros sabe con certeza cómo serán los nuevos cielos y la nueva tierra. De hecho, si consideramos las promesas dadas acerca del Mesías en el Antiguo Testamento, muchas de ellas parecen extrañas y oscuras cuando leemos su cumplimiento en el Nuevo Testamento.

Por ejemplo, Mateo 2.14–15 nos cuenta que María, José y el bebé Jesús vivieron en Egipto hasta la muerte del rey Herodes, y después de ese tiempo regresaron a Israel. Mateo escribe: «Así se cumplió lo que el Señor había dicho por medio del profeta: "De Egipto llamé a mi Hijo"» (Mt 2.15). La profecía del Antiguo Testamento dice: «Cuando Israel era niño, yo lo amé, y de Egipto llamé a mi hijo» (Os 11.1). Dudo que los creyentes hubieran captado el cumplimiento de esta promesa si Mateo no hubiera escrito estas palabras.

Sin embargo, podemos demostrar desde los textos bíblicos que en el final de los tiempos, tal y como lo conocemos, un cielo nuevo y una tierra nueva reemplazarán nuestros cielo y tierra existentes. También podemos decir que el cielo —que es la nueva tierra— es un lugar físico donde habitaremos con cuerpos físicos glorificados (ver 1 Co 15.35–58).

La idea de que nos convertiremos en espíritus que flotarán por el cielo y tocarán el arpa no se encuentra en ningún lugar de la Biblia. El cielo que los creyentes experimenten será un lugar nuevo y perfecto preparado por Dios para que podamos ser perfectos y estar completos. Eso significa que la nueva tierra estará libre de pecado, maldad, enfermedad, sufrimiento y muerte.

De nuevo, quizá el mejor modo de pensar en el nuevo cielo es compararlo con una recreación del jardín del Edén, tal y como era antes de la maldición del pecado. Todo era perfecto y no había pecado, ni enfermedad ni muerte. La primera pareja cuidaba del jardín y vivían en paz entre los animales.

¿Quién irá al cielo?

Hay demasiados versículos para citarlos todos, pero Juan 3.16 nos dice que todo el que cree no perecerá, sino que tendrá vida eterna. El mismo capítulo concluye: «Los que creen en el Hijo de Dios tienen vida eterna. Los que no obedecen al Hijo nunca tendrán vida eterna, sino que permanecen bajo la ira del juicio de Dios» (v. 36).

En otro lugar, Jesús dice: «Ya se acerca el tiempo en que todos los que están en las tumbas oirán la voz del Hijo de Dios y resucitarán. Los que hicieron el bien resucitarán para gozar de la vida eterna, y los que continuaron en su maldad resucitarán para sufrir el juicio» (Jn 5.28–29).

Cuando el apóstol Pablo aparece ante el gobernador romano Félix y se defiende de los falsos cargos presentados por los líderes judíos, dice: «Firmemente creo en la ley judía y en todo lo que escribieron los profetas. Tengo la misma esperanza en Dios que la que tienen estos hombres, la esperanza de que él resucitará tanto a los justos como a los injustos» (Hch 24.14–15; ver también Jn 5.24; 6.40; 10.28; Rom 2.6–7; 1 Jn 2.25).

Como cristianos, creemos que el cielo es nuestro destino eterno y que solo los creyentes irán allí. Como dijo alguien una vez: «Si los incrédulos no están interesados en Dios en la tierra, ¿por qué estarían interesados en el cielo después de morir?».

Cuando morimos, ¿vamos inmediatamente al cielo?

Cuando morimos, ¿simplemente dejamos de vivir, con nada más que nuestros recuerdos mortales para indicar nuestros años en la tierra? ¿Nuestra alma invisible se eleva inmediatamente al cielo?

Los cristianos siempre han insistido en que Dios resucitará a todo el mundo, y que todos aquellos que le han amado y obedecido entrarán en una nueva cualidad de vida que no tendrá fin. Eso no es un problema. Sin embargo, los cristianos no están de acuerdo en la respuesta a esta pregunta, y no hay una evidencia sólida e irrefutable para resolver el asunto.

Ningún vivo sabe realmente lo que ocurre después de la muerte. Los cristianos comparten la creencia de la resurrección, pero no están del todo de acuerdo en lo que ocurre *inmediatamente* después de morir. Los cristianos respaldan diferentes teorías o creencias.

Sin embargo, a pesar de nuestra teología, todos podemos afirmar esto: «Morimos, y nuestro siguiente momento *consciente* será en la presencia de Dios». Cuando usamos la palabra «consciente», nos referimos a una de estas dos posibilidades:

1. Inmediatamente pasamos a la presencia de Dios, en cuanto nuestro corazón deja de latir; o
2. Morimos, nuestros cuerpos están en la tumba, y no tenemos conciencia hasta el momento de la resurrección. De este modo ese es nuestro siguiente momento consciente.

(Toma nota de que hay una tercera posibilidad: un estado intermedio de la conciencia entre la tumba y el cielo, que discutiremos más adelante.)

〜〜〜

Colleen McDannell y Bernhard Lange escriben lo siguiente acerca de las creencias de los judíos en la época de Jesús:

> En el primer siglo de la era común, cuando el cristianismo apareció por primera vez, prevalecían tres visiones judías del más allá. Además de aquellas tres perspectivas de lo que ocurría después de la muerte, una cuarta, la respuesta cristiana, surgió. Las enseñanzas de los saduceos, fariseos y esenios del primer siglo [...] proporcionaban a los sabios, legos, sectarios y filósofos judíos material para el debate y la especulación [...] Podemos especular sobre las personas a las que apelaron. El cristianismo del Nuevo Testamento deriva en gran medida de la comprensión de la vida eterna de parte de estas disputas sectarias que mantenían una rigurosa vida religiosa en la Palestina regida por los romanos [...]
>
> Los saduceos eran probablemente judíos de clase alta que promovían una estricta adherencia a las Escrituras y expresaban una opinión conservadora sobre cuestiones de ritos y creencias [...] No se han preservado trabajos de los saduceos y apenas tenemos una breve mención de ellos en los escritos del historiador judío Josefo (37–100 E.C.), en el Nuevo Testamento y en sus oponentes filosóficos. Puesto que prácticamente todas las fuentes antiguas

sobre los saduceos eran poco favorables a ellos, y no trataban de entender su perspectiva de la muerte, solamente podemos ofrecer una evaluación provisional y en cierto modo especulativa acerca de por qué creían que la vida terminaba en la muerte.

Según Josefo, los saduceos sostenían que «el alma perece junto con el cuerpo». Mientras que otros judíos defendían cierto tipo de supervivencia, los saduceos mantenían que la Escritura no contenía tal promesa. Una posible pista del espíritu mundano y la negación de un más allá de los saduceos puede ser su participación en la rica aristocracia sacerdotal. La tradición atribuye a los saduceos una actitud mundana [...] Según Pablo, encontraban satisfacción en el lema: «Comamos y bebamos, que mañana moriremos». Dado tal trasfondo, podemos postular que vivían una vida confortable y no esperaban ninguna compensación adicional por la privación en un futuro.[7]

Los autores también señalan: «Ser capaces de estar cerca de Dios mientras vivían en la tierra significaba que no tenían que buscar que la muerte les pusiese en contacto con lo divino [...] [y] presupone que la promesa de una existencia celestial y plena podía ocurrir dentro de la esfera de nuestra propia vida».[8]

Los fariseos trataban de reconstruir el judaísmo «como una cultura cuya identidad estaba conformada por una meticulosa observancia de la ley religiosa». Los autores suponen que los fariseos creían, junto con los profetas del Antiguo Testamento, en el glorioso restablecimiento de un Israel renovado y en la destrucción de sus enemigos. «Según Josefo, daban por supuesta la naturaleza imperecedera del alma con la importante salvedad de que "el alma de alguien bueno pase a otro cuerpo"».[9]

Los autores continúan señalando: «Mientras los saduceos negaban la resurrección de los muertos y los fariseos la defendían, un tercer movimiento judío adoptó una perspectiva más individualista sobre el más allá [...] [Este grupo] sostenía que en la muerte el alma inmortal ascendía al cielo [...] Algunas evidencias indican que los esenios también esperaban la liberación de las restricciones corporales y un descanso final en un reino celestial».[10]

≈≈≈≈≈

Estas son las creencias principales acerca de cuando los cristianos van al cielo.

La primera creencia es que la muerte y la resurrección son un suceso excepcional. Cuando mueren, los cristianos «inmediatamente experimentan la elevación a la vida eterna a la que señala la esperanza de la resurrección».[11]

Los defensores de esta creencia se refieren a Filipenses 1.23, donde Pablo escribe sobre su dilema de si debería quedarse y bendecir a otros o morir: «Estoy dividido entre dos deseos: quisiera partir y estar con Cristo, lo cual sería mucho mejor para mí». El centro de atención es «estar con Cristo», lo que implica un traslado inmediato al cielo.

Una seria objeción es que tales experiencias constituyen una resurrección personal e individual; esto es: cada *persona* experimenta la vida eterna y la muerte. Esto destruye el aspecto colectivo de que todos los creyentes experimentarán la resurrección al mismo tiempo.

Otra objeción a que los creyentes vayan inmediatamente al cielo es que estarían cómodamente instalados allí antes de ser juzgados y recompensados por Jesucristo. Como Pablo escribe: «Pues todos tendremos que estar delante de Cristo para ser juzgados. Cada uno de nosotros recibirá lo que merezca por lo bueno o lo malo que haya hecho mientras estaba en este cuerpo terrenal» (2 Co 5.10).

Esta cuestión de la recompensa inmediata puede que no les parezca una objeción seria a algunos, ¿pero qué hay de la contraparte? ¿Qué hay de aquellos que no van al cielo? La lógica dice que aquellos que son mandados al infierno están siendo castigados antes de ser juzgados culpables.

<div align="center">~~~</div>

Una segunda creencia que algunos sostienen se llama popularmente el sueño del alma. El papa Juan XXII (que ejerció desde 1316 a 1334) afirmó que el alma humana no disfrutaba de la vida eterna hasta el juicio. Él creía que el alma dormía después de la muerte. Su sucesor, el papa Benedicto XII (1334–1342) decretó en 1336 que el alma de los justos disfrutaría la contemplación cara a cara de la divina esencia en el momento de la muerte. El alma de los impíos, al contrario, descendería al infierno, aunque darán cuenta de sus hechos en el día del juicio.[12]

Martín Lutero escribió: «Porque así como un hombre que cae dormido y duerme profundamente hasta la mañana no sabe lo que le ha pasado cuando despierta, así de repente nos levantaremos en el Último Día; y no sabremos cómo ha sido la muerte ni cómo la hemos pasado». En otra parte ofrece una imagen similar de su propio estatus mientras espera la resurrección: «Hemos de dormir hasta que él llegue y golpee la tumba y diga: "Doctor Martín, levántese". Entonces me levantaré en un momento y seré eternamente feliz con él».[13]

Aquellos que mantienen esta creencia se refieren a 1 Tesalonicenses 4.16, donde Pablo escribe acerca del regreso de Cristo: «Primero, los cristianos que hayan muerto [literalmente "muerto en Cristo"] se levantarán de sus tumbas». (Los escritores bíblicos usan «dormir» para referirse a la muerte.) He aquí los versículos en los que descansa esta posición teológica:

> Y del polvo de la tierra se levantarán las multitudes de los que duermen, algunos de ellos para vivir por siempre, pero otros para quedar en la vergüenza y en la confusión perpetuas. (Dn 12.2, NVI)

> Y ahora, amados hermanos, queremos que sepan lo que sucederá con los creyentes que han muerto, para que no se entristezcan como los que no tienen esperanza. Pues, ya que creemos que Jesús murió y resucitó, también creemos que cuando Jesús vuelva, Dios traerá junto con él a los creyentes que hayan muerto. Les decimos lo siguiente de parte del Señor: nosotros, los que todavía estemos vivos cuando el Señor regrese, no nos encontraremos con él antes de los que ya hayan muerto. Pues el Señor mismo descenderá del cielo con un grito de mando, con voz de arcángel y con el llamado de trompeta de Dios. Primero, los cristianos que hayan muerto se levantarán de sus tumbas. Luego, junto con ellos, nosotros los que aún sigamos vivos sobre la tierra, seremos arrebatados en las nubes para encontrarnos con el Señor

en el aire. Entonces estaremos con el Señor para siempre. (1 Ts 4.13–17)

〜〜〜

Esto nos lleva a la tercera posición, que es la que sostienen los católicos romanos: aquellos que mueren permanecen en un «estado intermedio» (hay una existencia continua del alma sin una resurrección inmediata). En otras palabras, hay una existencia consciente, personal y desencarnada para el alma entre la muerte y la entrada al estado eterno.

Esta existencia personal continuada en la forma de un estado desencarnado resuelve el problema de la continuidad de los humanos entre la muerte y la resurrección. Esta posición conduce a la siguiente pregunta: cómo debe ser el estado desencarnado.

La respuesta más obvia es que debe haber un lugar de dicha y otro de tormento. La doctrina católico romana se refiere a ello como «purgatorio». Para ellos, a la muerte los cristianos entran en un lugar de «sufrimiento purificador, donde son adecuados para el cielo por la expiación de la culpa remanente».[14]

«Purgatorio», del latín *purgare*, significa limpiar o purificar. Se refiere a la condición o lugar de castigo temporal para aquellos que han muerto pero que no son completamente libres de pecados veniales, o que no tienen totalmente pagada la liquidación debido a sus transgresiones. («Pecados veniales» son transgresiones menores que mantendrían a alguien fuera del cielo.) La idea detrás de este castigo temporal es que Dios ha perdonado sus pecados, pero también requiere un pago, y los castigará por sus fallos a hacer penitencia en esta vida. De este modo no serán apartados eternamente de Dios.[15]

Aquellos que mantienen esta visión a menudo se refieren a la historia del rico y Lázaro. Jesús cuenta la historia, y aunque muchos la consideran una parábola, otros insisten en que como Él le llama Lázaro (y ningún otro nombre propio aparece en las parábolas de Jesús), debe ser un relato verdadero.

En esta parábola narrada en Lucas 16.19–31, un hombre vive en el lujo mientras un mendigo llamado Lázaro ruega por las sobras de la mesa del hombre. Ambos mueren, y su situación da la vuelta. «Con el tiempo, el hombre pobre murió, y los ángeles lo llevaron a estar con Abraham [literalmente, «en el seno de Abraham»]. El hombre rico también murió y fue enterrado, y su alma fue al lugar de los muertos [en griego, *hades*]. Allí, en medio del tormento, vio a Abraham a lo lejos con Lázaro junto a él» (vv. 22–23).

El que una vez fue rico está en tormento y ruega a Abraham que envíe a Lázaro para darle un poco de agua. «Estoy en angustia en estas llamas» (v. 24). Abraham le recuerda al hombre que él una vez lo tuvo todo y Lázaro no tuvo nada. «Ahora él está aquí recibiendo consuelo y tú estás en angustia. Además, hay un gran abismo que nos separa. Ninguno de nosotros puede cruzar hasta allí, y ninguno de ustedes puede cruzar hasta aquí» (vv. 25–26).

Para algunos, esta es una imagen literal del purgatorio.

Muchos sabios protestantes rechazan la idea del purgatorio —incluso aunque tenga «cierta apariencia teológica»[16]— puesto que ni la palabra ni el concepto se enseñan en la Biblia. Sin embargo, para algunos esto responde la pregunta del estado intermedio después de la muerte física en la tierra.

En resumen, a pesar de la falta de información, a aquellos que somos creyentes se nos asegura que desde el momento en que morimos, nuestro siguiente momento de conocimiento —nuestro siguiente momento de *consciencia*— será en la presencia de Dios.

¿Qué les ocurre a los impíos?

El infierno es, probablemente, la más impopular de todas las creencias cristianas. Ciertamente es aquella en la que la mayoría de nosotros no queremos pensar.

Por lo poco que leemos en la Biblia acerca del destino de los condenados, parece que habrá niveles de castigo, que es igual a su pecado en contra de su conocimiento y comprensión.

Muchos cristianos creen que el castigo será eterno por los versículos que siguen:

- «Por lo tanto, si tu mano o tu pie te hace pecar, córtatelo y tíralo. Es preferible entrar en la vida eterna con una sola mano o un solo pie que ser arrojado al fuego eterno con las dos manos y los dos pies» (Mt 18.8).

- «[Jesús] vendrá con sus ángeles poderosos, en llamas de fuego, y traerá juicio sobre los que no conocen a Dios y sobre los que se niegan a obedecer la Buena Noticia de nuestro Señor Jesús. Serán castigados con destrucción eterna, separados para siempre del Señor y de su glorioso poder» (2 Ts 1.7–9).

- «Ellos serán atormentados con fuego y azufre ardiente en presencia de los ángeles santos y del Cordero. El humo de su tormento subirá por siempre jamás, y no tendrán alivio ni de día ni de noche» (Ap 14.10–11).

No todos los cristianos están de acuerdo en que el castigo sea fuego literal, argumentando que no afectaría a los espíritus como Satanás y los demonios. Sin embargo, la Biblia es clara en que el castigo para los incrédulos no tendrá fin.

Aquellos que argumentan contra el castigo eterno señalan a la palabra traducida como «eterno». En el original griego la palabra denota una era o un largo periodo de tiempo, porque el griego no tenía palabras para algo como eternidad.

Las razones para sostener el castigo eterno están en Mateo 25.46, donde la misma palabra griega (*kolasin*) describe la duración de los creyentes y el castigo de los malvados. Si una es sin fin, la otra también debe serlo. En otro lugar Jesús usa términos como «el fuego nunca se apaga» (Mc 9.43, NVI) y «los gusanos nunca mueren» (Mc 9.48).

Louis Berkhof dice que hay tres cosas que tenemos que considerar cuando discutimos sobre el estado final de los condenados. La primera es dónde «son consignados los impíos. En la teología actual hay una evidente tendencia en algunos círculos a descartar el castigo eterno». Añade: «En la moderna teología liberal, la palabra "infierno" normalmente se considera una designación metafórica de una condición puramente subjetiva, en la que [la gente] se encuentra mientras está en la tierra y que se convertirá en permanente en el futuro [...] Pero puede haber dudas razonables como el hecho de que la Biblia enseña la existencia continuada de los condenados».[17] Berkhof cita Mateo 24.5, 25.30, 46 y Lucas 16.19–31 para apoyar su argumento.

～～～～

Siempre debemos recordar que la Biblia fue escrita por personas para explicar palabras y conceptos *en su propia cultura*. Por eso es que el lugar del tormento es llamado *gehena*, que viene de la palabra hebrea para «valle» o «tierra».

El Nuevo Testamento también utiliza *hinnon*, que es un valle al suroeste de Jerusalén donde los idólatras sacrificaban a sus hijos al dios Molok. Era una región despreciada, donde el fuego ardía constantemente para consumir la basura de Jerusalén. Así, se convirtió en el símbolo del lugar de tormento eterno (ver Mt 10.28; 23.33; Lc 12.5).

Mateo 18.9 se refiere al *geennan tou puros* (la gehena de fuego), y hay un lago de fuego enumerado en Apocalipsis 20.14–15. (El lago de fuego es un contraste al mar de vidrio que era como cristal, en referencia a Apocalipsis 4.6.) Otros términos para este lugar se traducen como:

- Prisión (ver 1 P 3.19);
- Abismo (ver Lc 8.31);
- Hades, el mundo invisible, el lugar de los muertos, la muerte y la tumba (ver Mt 11.23; Lc 10.15; Hch 2.27; Ap 1.18).

La oscuridad —la ausencia de luz— es otra descripción del infierno.

La Biblia también habla de aquellos que no irán al cielo como los que están *fuera* (ver 2 Ts 1.9) o que son *arrojados al infierno* (ver Lc 12.5). En verdad, ningún humano sabe con exactitud lo que constituye el castigo eterno de los condenados. Estas son las posibilidades:

- Total ausencia del favor de Dios;
- Angustia vital sin fin, puesto que las vidas de las personas han estado dominadas por el pecado;
- Dolor y sufrimiento en cuerpo y alma;

- Algún castigo subjetivo, como punzadas de consciencia, angustia, desesperación, lloro y crujir de dientes (ver Mt 8.12; 13.50; Mc 9.43–44, 47–48; Lc 16.23, 28; Ap 14.10; 21.28).

Jesús advierte: «¡No se sorprendan tanto! Ciertamente, ya se acerca el tiempo en que todos los que están en las tumbas oirán la voz del Hijo de Dios y resucitarán. Los que hicieron el bien resucitarán para gozar de la vida eterna, y los que continuaron en su maldad resucitarán para sufrir el juicio» (Jn 5.28–29).

Mateo escribe: «Pero muchos israelitas —para quienes se preparó el reino— serán arrojados a la oscuridad de afuera, donde habrá llanto y rechinar de dientes» (8.12).

Pablo escribe: «Pero derramará su ira y enojo sobre los que viven para sí mismos, los que se niegan a obedecer la verdad y, en cambio, viven entregados a la maldad» (Ro 2.8).

~~~

Hay dos visiones del *castigo limitado* que aparecen en el cristianismo moderno. Algunas denominaciones, como los adventistas del séptimo día, sostienen que después de un periodo de castigo, Dios aniquilará a los impíos. Esto a veces se denomina como «inmortalidad condicional». Cuando se usa este término, los defensores dicen que los humanos son mortales y que Dios les da el don de la vida eterna a los creyentes. Cuando mueren, los malvados dejan de existir de todas las formas.

La otra visión es el universalismo, que ha sido una actitud creciente entre cristianos durante la última década. Rob Bell expresó popularmente esta idea en *Love Wins* [El amor gana].

Aunque una gran parte de cristianos todavía rechazan la idea de que el castigo estará limitado en duración, la posición universalista es que Dios al final reconciliará todas las cosas consigo mismo. Morton Kelsey defiende: «Decir que el hombre y la mujer después de la muerte serán capaces de resistir el amor de Dios para siempre es sugerir que el alma humana es más fuerte que Dios».[18] Otros insisten en que Dios al final tendrá éxito en su propósito de ganarse a todos para sí mismo.

Cristianos más serios no creen que el infierno sea un lugar donde Dios torture activamente y con desprecio a los malvados para siempre jamás. La posición es que, de acuerdo con la Biblia, la gente ha tomado su decisión de separarse de Dios; y por eso su tormento significa el destierro del cielo y de toda la belleza y perfección que hay allí. Los impíos vivirán con angustia física y mental.

Habermas y Moreland citan a Leon Morris, experto en el Nuevo Testamento, que habla de la posición de la gran parte de evangélicos hoy:

Pedro le dijo [a Cornelio] que Dios no hace acepción de personas, pero «en cada nación, él acepta a los que lo temen y hacen lo correcto» (Hch 10.35). Esto seguramente significa que la gente es juzgada según la luz que tiene, no según la luz que no tiene. Recordamos, también, que Pablo dice: «Y den según lo que tienen, no según lo que no tienen» (2 Co 8.12). Hace mucho tiempo Abraham preguntó: «¿Acaso el Juez de toda la tierra no haría lo que es correcto?» (Gn 18.25) y debemos dejarlo ahí. No sabemos cuál será el destino de aquellos que no han escuchado el evangelio. Pero conocemos a Dios, y sabemos que él hará lo que es correcto.[19]

Hay quien habla de una segunda oportunidad después de la muerte. Hebreos 9.27–28 afirma: «Y así como cada persona está destinada a morir una sola vez y después vendrá el juicio, así también Cristo murió en sacrificio una sola vez y para siempre, a fin de quitar los pecados de muchas personas». Sin embargo, en ningún lugar de la Biblia hay ninguna justificación para una segunda oportunidad después de que se haya acabado esta vida.

¿Qué es el infierno?

Al hablar sobre el infierno, los cristianos tienden a sostener cuatro puntos de vista principales, como muestra William Crockett en su libro *Four Views on Hell* [Cuatro visiones del infierno].[20]

La primera es la visión *ortodoxa*. Esta es la creencia de que el castigo para los impíos es eterno y punitivo, no redentor. Como la Biblia revela que Dios es un Dios de amor y gracia, se ha desarrollado una tensión entre los conceptos de un Dios amante y un Dios justo que demanda justicia absoluta para los malvados. La ortodoxia estricta proporciona un castigo eterno para los malvados.

La segunda visión del infierno es la *metafórica*; en otras palabras, es algo no literal y menos específico que la visión ortodoxa. Normalmente, aquellos que mantienen esta visión reconocen que los impíos nunca serán redimidos y restaurados a un lugar de bendición en la eternidad, pero los relatos escriturales de su sufrimiento y juicio divino se toman de un modo un poco menos literal.

Una tercera visión —la de la Iglesia Católica Romana— ve el infierno como un *purgatorio*. Como ya dijimos antes, en esta visión el infierno tiene una antecámara llamada purgatorio, un lugar de limpieza divina de donde algunos, al menos, saldrán finalmente como redimidos y estarán entre los bendecidos de Dios. Por norma general, esta visión requiere que todos deban pasar por un periodo de purga en el que sean juzgados sus pecados inconfesados y les sea infligido un castigo. Aunque sea extensivo y continúe durante un periodo de tiempo, al final muchos serán restaurados a un lugar de gracia y dicha, mientras que otros serán condenados eternamente.

La cuarta visión del infierno es la que lo ve como una situación *condicional* o temporal para los malvados. Esta visión la han defendido muchos que encuentran contradicción entre las doctrinas de un castigo eterno y un Dios de amor y gracia. Ellos explican que el infierno o bien es temporal, en el sentido de que la inmortalidad es condicional y solo los justos serán levantados, o que es redentor, en el sentido de que cualquier sufrimiento que pueda haber después de esta vida a causa del pecado terminará con los impíos siendo redimidos y restaurados a un lugar de bendición. La inmortalidad o aniquilación condicional reduce la severidad y la extensión del castigo eterno, mientras que en el universalismo al final todos son salvados.

Crockett afirma que él podría proporcionar citas «casi sin fin» desde los primeros escritores cristianos hasta el presente que tienen diferentes visiones del infierno. Algunos creían en el castigo eterno, y otros no. Él continúa diciendo que el único valor de citarlos sería demostrar que «siempre ha habido diversidad de opiniones».[21]

La importancia de las afirmaciones anteriores es señalar que los cristianos serios, desde los primeros días, han estado en desacuerdo con respecto al infierno. Durante los últimos dos mil años, la gente piadosa ha sostenido visiones tan dispares y ha insistido en que la Biblia refleja su punto de vista.

¿Existirá el tiempo en el cielo?

La Biblia a menudo habla del tiempo, pero no está claro que esos versículos *prueben* que habrá tiempo en el cielo.

Por ejemplo, algunos se refieren a Apocalipsis 6.10–11, donde las almas martirizadas claman y preguntan a Dios: «¿Cuánto tiempo hasta que juzgues a la gente de este mundo?». En este pasaje, «cuánto tiempo» tiene una referencia temporal; pero apenas es una prueba. De nuevo, tenemos que recordar que el libro de Apocalipsis está escrito para dar ánimos a los santos perseguidos del primer siglo. Ellos harían esas preguntas naturalmente.

Apocalipsis 7.15 habla de que aquellos que han muerto y que «están delante del trono de Dios y le sirven día y noche en su templo». También está la referencia a que el árbol de la vida «produce doce cosechas de fruto, y una cosecha nueva cada mes» (Ap 22.2).

El argumento en contra, de nuevo, es que Dios habla a los humanos con un lenguaje temporal porque estamos en la tierra y necesitamos palabras y símbolos que podamos entender. Cuando los muertos hacen preguntas como «¿cuánto tiempo?» o «¿cuándo?» es un modo de que Dios comunique a su pueblo perseguido y atormentado que Él no los ha abandonado ni los ha olvidado.

En la tierra necesitamos horas, días, meses y estaciones para que nuestro mundo cotidiano tenga sentido. La metáfora de Pablo lo explica bien: «Cuando yo era niño, hablaba, pensaba y razonaba como un niño; pero cuando crecí, dejé atrás las cosas de niño. Ahora vemos todo de manera imperfecta, como reflejos desconcertantes, pero luego veremos todo con perfecta claridad. Todo lo que ahora conozco es parcial e incompleto, pero luego conoceré todo por completo, tal como Dios ya me conoce a mí completamente» (1 Co 13.11–12).

Pablo hace una importante declaración acerca de nuestro estado incompleto y nos compara con niños. ¿Es posible que el *tiempo* sea parte del lenguaje que Dios usa para hablarnos en nuestro estado de conocimiento «parcial e incompleto»? Además, ¿por qué *necesitaríamos* el tiempo en la nueva Jerusalén?

Muchos de nosotros reconocemos de buena gana que el tiempo de Dios no se parece al nuestro. Dios trabaja en una dimensión diferente: más allá de cualquier cosa que podamos comprender o anticipar. Por consiguiente, las palabras de la Biblia están dirigidas a nuestra limitada comprensión.

Otro modo de ver la cuestión es darse cuenta de que no hay pasado o futuro con Dios. Dios ve solamente el ahora: y el *ahora* divino toma nuestro pasado, presente y futuro.

También tenemos testigos humanos. Don Piper, después de sus noventa minutos en el cielo, a menudo ha dicho que el tiempo no existe allí. No es una voz solitaria. Una afirmación común entre la gente que ha tenido experiencias cercanas a la muerte es que no solo había ausencia de tiempo, sino también que «su vida entera pasaba volando delante de ellos». ¿No implica eso que vieron la totalidad de sus vidas en unos pocos instantes humanos? Aunque esto no es posible aquí en la tierra, ¿por qué tendría el cielo limitaciones así?

Si Dios sabe (no *supo*) el futuro antes de la creación del mundo, ¿por qué debería el tiempo ser un problema?

He aquí un versículo que aclara esa afirmación. Pablo escribe: «Incluso antes de haber hecho el mundo, Dios nos amó y nos eligió en Cristo para que seamos santos e intachables a sus ojos. Dios decidió de antemano adoptarnos como miembros de su familia al acercarnos a sí mismo por medio de Jesucristo» (Ef 1.4–5).

Muchos de nosotros tenemos la imagen de un ojo que todo lo ve, como el que se representa en el reverso del billete del dólar. Yo lo veo de este modo:

Mientras nosotros vivimos en el tiempo del pasado que avanza hacia el presente y continúa hacia el futuro, Dios ya lo ha visto todo de un modo que va más allá de nuestra comprensión.

Este es otro modo de mirar el tiempo: si la transición desde la muerte a la resurrección significa un pasaje desde el tiempo humano al divino, cuando morimos entramos en el *ahora* eterno de Dios. La eternidad no son billones y trillones de años que podemos contar (o que querríamos contar). ¿No anula eso el tiempo en el pasado y en el futuro? Cuando morimos, entramos en el ahora de Dios.

¿Pueden vernos ahora nuestros seres queridos que han muerto?

A pesar del hecho de que muchos encuentran consuelo en la creencia de que sus seres queridos los observan desde arriba, no hay afirmación bíblica de que lo hagan.

Tampoco hay referencias bíblicas que digan que no lo hacen.

La Biblia no dice específicamente si la gente en el cielo puede ver a aquellos de nosotros que todavía estamos en la tierra. Aunque es poco probable que puedan, la respuesta común a favor de que nos vean viene de aquellos que quieren sentir el consuelo de un ser amado fallecido cuidándoles. No es una cuestión teológica, sino una que involucra la pérdida de los seres queridos y el anhelo de sentirse conectados con ellos.

Unos cuantos se refieren a Hebreos 12.1, que sigue al famoso capítulo de la fe de los héroes: «Por lo tanto, ya que estamos rodeados por una enorme multitud de testigos de la vida de fe, quitémonos todo peso que nos impida correr, especialmente el pecado que tan fácilmente nos hace tropezar. Y corramos con perseverancia la carrera que Dios nos ha puesto por delante».

Sin embargo, lo obvio del versículo *no* es que haya un gran grupo de gente en el cielo mirando lo que hacemos, sino que tenemos *ejemplos* de las vidas (y las muertes) de los creyentes desde Abel hasta aquellos en el primer siglo que confiaban en Dios.

Ellos marcaron el estándar para nosotros, pero eso no quiere decir que estén mirando. A causa de la fe y la diligencia de los cristianos que fueron antes de nosotros, podemos inspirarnos para seguir su ejemplo.

Si nuestros seres queridos están conscientes en el cielo y nos observan, ¿no verían cosas que les causarían dolor y angustia? Si no hay infelicidad en el cielo, ¿cómo pueden ver y no sentirse afectados? Si miran desde el cielo y ven el dolor y el sufrimiento de sus seres queridos, ¿seguiría siendo el cielo?

Además, sea lo que sea que estén haciendo en el cielo, ¿no están retirados de las preocupaciones y las angustias de la tierra? ¿No arruinaría la capacidad de ver la actividad de abajo esa perfección del cielo? Si son libres del pecado y experimentan la presencia de Dios en el cielo, seguramente eso es más que suficiente para captar su atención.

¿Podremos ser felices en el cielo si nuestros seres queridos están en el infierno?

Si el cielo es un lugar de perfección y de gozo completo, debe haber algún modo de que el horror del infierno no empañe la gloria que experimentamos en el cielo. Nuestras limitaciones presentes hacen imposible que comprendamos cómo eso puede ser cierto.

Cuando hablamos del gozo del cielo y pensamos en nuestros seres queridos siendo posiblemente castigados por la eternidad en el infierno, muchos se preguntan cómo puede ser el cielo para esos individuos (y probablemente todos nosotros). Esa preocupación ha desafiado a muchas personas.

La Biblia no ofrece una respuesta específica, pero hay pasajes que contienen fragmentos de información que suplen una respuesta significativamente sustancial al problema percibido.

Tenemos que reconocer que cierta cantidad de cosas acerca del orden eterno van más allá de nuestra capacidad de comprensión. Suponemos que es por eso que los escritores bíblicos usan un lenguaje metafórico o simbólico. Por ejemplo, Apocalipsis 21.4 promete que Dios «secará toda lágrima de los ojos, y no habrá más muerte ni tristeza ni llanto ni dolor. Todas esas cosas ya no existirán más». No creemos que Dios seque literalmente toda lágrima de cada persona, pero ciertamente comprendemos el significado (y eso nos anima). En verdad los creyentes perseguidos de la época de Juan se habrían regocijado al leer esas palabras.

De esas pocas palabras comprendemos el simbolismo de que Dios eliminará la tristeza: toda. Si fuera el caso de que la pena sobre la pérdida de nuestros seres queridos destruyese la dicha del cielo, entonces no había cielo para muchos de los redimidos, porque el pueblo del Señor ha tenido miembros de su familia —ya sean miembros de la cercana o la extendida, o los amigos— que han muerto fuera de la esfera de la salvación.

Si confiamos en un Dios amante y benevolente que nos lleva a un lugar de perfecta felicidad, ¿no lo haría Dios totalmente feliz? Dios es un ser de amor supremo, lo que es intrínseco a Su misma naturaleza (ver, por ejemplo, 1 Juan 4.7–8, que declara: «El amor viene de Dios [...] porque Dios es amor»). Nuestra comprensión del amor divino no puede empezar a alcanzar la profundidad del corazón y el plan divinos.

Sin embargo, aunque leemos de este amor que va más allá de la comprensión humana, también necesitamos recordarnos a nosotros mismos el lenguaje usado para aquellos que rechazan a nuestro Salvador. Jesús dijo: «Pero muchos israelitas —para quienes se preparó el reino— serán arrojados a la oscuridad de afuera, donde habrá llanto y rechinar de dientes» (Mt 8.12). Esta misma expresión también aparece en Mateo 22.13, 24.51, 25.30 y Lucas 13.28.

Podemos sentirnos repelidos por el lenguaje, pero debemos descansar con el conocimiento de que el amor y la justicia de Dios están funcionando. No podemos comprender cómo los santos en el cielo pueden vivir en perfección mientras los pecadores en el infierno sufren condenación eterna. (Incluso aquellos que creen en cierta clase de universalismo o aniquilación de los impíos a menudo reconocen un periodo de castigo por sus pecados antes de la aniquilación total.)

Ya sea temporal o eterna, no resuelve la cuestión acerca de los que están en el cielo y la separación de sus seres queridos. Seguramente el Dios del cielo hará lo justo y adecuado para todos los afectados. Puede que nuestras mentes no sean capaces de entender cómo puede hacerse, pero eso no quiere decir que Dios no pueda o no vaya a hacerlo.

Dios juzgará justamente, y todos los ángeles, santos y mártires le alabarán por ello. Parece ineludible que junto con ellos aprobemos el juicio de aquellos que han rechazado la gracia de Dios. En el cielo veremos con una nueva perspectiva, muchísimo mejor. En 2 Corintios 1.3 se nos recuerda que: «Dios es nuestro Padre misericordioso y la fuente de todo consuelo».

¿Acaso eso no es suficientemente reconfortante?

¿Tendremos un cuerpo diferente en el cielo?

Los cristianos modernos no son los primeros en preguntarse a qué se parecerán nuestros cuerpos después de la resurrección.

A los treinta años de la ascensión de Jesús, el apóstol Pablo recibió aquella pregunta y respondió: «Lo cierto es que Cristo sí resucitó de los muertos. Él es el primer fruto de una gran cosecha, el primero de todos los que murieron» (1 Co 15.20). Traducciones más antiguas se refieren a Jesús como «las primicias», que tiene un importante énfasis teológico. Cuando Moisés le dio la ley a la gente, uno de los requerimientos implicaba dar las primicias —la primera producción de sus campos y huertos— a Dios. Eran entregadas a los sacerdotes, que eran los representantes de Dios.

El fruto inicial de la cosecha siempre se entendía como una dedicación a Dios. Moisés escribe: «También te doy las ofrendas de la cosecha que el pueblo presenta al Señor: lo mejor del aceite de oliva y del vino nuevo y del grano. Todas las primeras cosechas de la tierra que el pueblo presente al Señor te pertenecen» (Nm 18.12–13).

Deuteronomio 26.2–3 ordena: «Coloca una parte de las primicias de cada cosecha en una canasta y llévala al lugar de adoración designado [...] Preséntate al sacerdote que esté a cargo en ese momento y dile: "Con esta ofrenda reconozco ante el Señor su Dios que he entrado en la tierra que él juró a nuestros antepasados que nos daría"».

Levítico 23.9–11 señala que la primera oleada de manojos de la primera cosecha de grano delante del Señor servía para consagrar la cosecha completa que seguía. De forma similar, la resurrección de Cristo es mencionada como las primicias de aquellos que han muerto y se convertirá en la garantía de que todos aquellos que confían en Él serán resucitados. Como las primicias —el comienzo del cumplimiento de la resurrección para todos nosotros—, Él es entregado a Dios. Eso implica que habrá una generosa cosecha después.

La respuesta de Pablo en 1 Corintios 15.20 es un modo de decirnos: «Tal como Jesús fue, así seremos nosotros». En 1 Juan 3.2 leemos: «Queridos amigos, ya somos hijos de Dios, pero él todavía no nos ha mostrado lo que seremos cuando Cristo venga; pero sí sabemos que seremos como él». Así pues, para comprender a qué se parecerán nuestros cuerpos en el cielo, tenemos que examinar los relatos en la Biblia donde Jesús se aparece a sus seguidores después de su resurrección.

Después de la resurrección de Jesús, tenemos dos relatos distintos donde Jesús se aparece a sus seguidores y ellos no le reconocen inmediatamente. El primero tiene lugar el domingo por la mañana, el día de la resurrección. María Magdalena descubrió que la tumba de Jesús estaba vacía y se echó a llorar: «Dio la vuelta para irse [de la tumba] y vio a alguien que estaba de pie allí. Era Jesús, pero ella no lo reconoció [...] Ella pensó que era el jardinero» (Jn 20.14–15). Después de que Jesús la llamase por su nombre, ella lo reconoció.

Es de destacar que ella lo reconociera *solo después de que Él la llamase por su nombre*. La suposición es que la apariencia de Jesús era diferente.

Lucas 24.13–34 cuenta la otra historia, donde Jesús está andando junto a dos discípulos que viajaban al pueblo de Emaús. No lo reconocieron hasta que se sentaron a comer y Él bendijo el pan. La Biblia dice: «De pronto, se les abrieron los ojos y lo reconocieron» (v. 31).

Más adelante, «los dos de Emaús les contaron cómo Jesús se les había aparecido mientras iban por el camino y cómo lo habían reconocido cuando partió el pan» (v. 35).

Cuando Dios levantó a Jesús de los muertos, demostró poder suficiente para resucitar también nuestros cuerpos. En su cuerpo resucitado, Jesús habló con sus discípulos y comió comida con ellos (ver Jn 21.1–14).

Estos relatos nos dicen que Jesús podía encajar dentro de las dimensiones terrenales pero que también podía sobrepasarlas. Antes de su muerte Jesús prometió que no dejaría huérfanos a sus discípulos, sino que vendría a ellos (ver Jn 14.18).

De estos relatos podemos conjeturar que nuestros cuerpos resucitados conservarán nuestras identidades y que los demás nos reconocerán, aunque poseeremos capacidades mayores que las que tenemos en nuestros presentes cuerpos terrenales.

En 1 Corintios 15, el apóstol dedica una sección a nuestros cuerpos resucitados. Comenzando con el versículo 35, responde a la pregunta de a qué se parecerán nuestros cuerpos. Dice que es una cuestión ridícula y señala el hecho de que en la naturaleza las semillas van a la tierra, mueren y producen una planta. «Luego Dios le da el cuerpo nuevo que él quiere que tenga» (v. 38).

Pablo continúa diciendo: «La gloria de los cuerpos celestiales es diferente de la gloria de los cuerpos terrenales» (v. 40). Pinta nuestros cuerpos como débiles y quebradizos, pero «serán resucitados en fuerza. Son enterrados como cuerpos humanos naturales, pero serán resucitados como cuerpos espirituales» (vv. 43–44).

Pablo compara al primer Adán con su cuerpo natural con «el último Adán» (Cristo). «Los que son terrenales son como el hombre terrenal, y los que son celestiales son como el hombre celestial. Al igual que ahora somos como el hombre terrenal, algún día seremos como el hombre celestial» (vv. 48–49).

Podemos afirmar con claridad que tendremos cuerpos, pero no los terrenales. Como Pablo concluye: «Lo que les digo, amados hermanos, es que nuestros cuerpos físicos no pueden heredar el reino de Dios. Estos cuerpos que mueren no pueden heredar lo que durará para siempre» (v. 50).

¿Reconoceremos a los demás en el cielo?

¿Nos conoceremos en el cielo? Esa es una pregunta común. La respuesta parece obvia. ¿Cómo podría ser el cielo si deambulamos por la eternidad sin reconocer a aquellos que hemos amado en esta vida? Seremos los mismos, aunque maravillosamente diferentes, porque seremos transformados por la gracia de Dios y las consecuencias del pecado ya no echarán a perder nuestras vidas.

Nada en la Biblia implica que no reconoceremos a los demás. De hecho, tenemos señales de que *nos reconocemos*. En esta vida estamos bloqueados por las limitaciones humanas; pero en el cielo las imperfecciones de la edad, la enfermedad y la debilidad serán eliminadas. La marca y la proclividad hacia el pecado desaparecerán. El resultado será que aquellos que estén en el cielo, aunque mantengan su personalidad, estarán despojados de cualquier marca de debilidad humana.

No tenemos indicación de que en el cielo se suprima la personalidad humana. En aquel día, lo que se supone es que nos conoceremos unos a otros completamente, más allá de nuestro conocimiento limitado en esta vida. La edad y el paso del tiempo no importarán.

Algunos preguntan a veces por nuestra edad en el cielo, pero esa pregunta no tiene respuesta. Si el tiempo no tiene consecuencias, nuestra edad no importa. Además, no tenemos idea de cómo serán nuestros cuerpos celestiales. Seguramente no mostrarán los estragos debidos al envejecimiento humano. Tenemos que suponer que nuestra falta de información se debe a nuestra incapacidad de comprender la respuesta.

Cecil Murphey y Twila Belk

El cielo, por definición, es una esfera diferente del mundo en el que vivimos. Dios podría decirnos todo lo que queremos saber, pero las respuestas no siempre tendrían sentido para nosotros. Un modo de saberlo es pensar en Jesús y sus primeros seguidores. Durante tres años les repitió a sus doce seguidores íntimos que Él era el Cristo, pero no pudieron comprenderlo. Solo *después de la resurrección* al final captaron lo que quería decir.

¿Cómo es posible que entendamos el cielo o lo que nos espera? Tenemos la seguridad de que será mejor que la mejor de nuestras experiencias en la tierra. Eso debería quitarnos las preocupaciones.

Alguien ha dicho bien: «Para los hijos de Dios el cielo será la reunión familiar definitiva, un lugar donde no tendremos dificultad para reconocer a nuestros seres queridos que se fueron antes de nosotros».

Sabemos por las enseñanzas implícitas que todo cambiará «en un abrir y cerrar de ojos» (1 Co 15.52) y que tendremos cuerpos adaptados a nuestra vida que no tendrá fin.

¿Los bebés que mueren van al cielo?

Nadie sabe la respuesta a esa pregunta.

Gran parte de lo que escuchamos es un argumento emocional más que uno bíblico. No hay absolutamente ninguna afirmación en la Biblia que se refiera a los niños que mueren. A menudo hemos oído hablar del término «limbo», que es una doctrina de la Iglesia Católica Romana para dar cuenta de los muertos que no pueden ser asignados claramente al cielo o al infierno.

La idea es controvertida entre los católicos, y muchos protestantes no aceptan el limbo. De hecho, a lo largo de la historia de la Iglesia Católica Romana, la idea del limbo ha sido discutida y debatida hasta la saciedad por los teólogos. Piensa en ello como un lugar intermedio entre el cielo y el infierno, fuera de la presencia de Dios pero libre del tormento asociado al infierno.

Limbo es una palabra latina que literalmente significa «borde» o «límite». Los católicos usan la palabra en dos sentidos. El primero es para describir un lugar temporal o el estado de aquellos que eran creyentes pero fueron incapaces de ir al cielo hasta que Cristo murió, fue resucitado y llegó al cielo. El segundo modo de explicar el limbo es que solo aquellos que aceptan el regalo de la salvación *y son bautizados* pueden entrar en el cielo.[22]

El segundo uso, que le resulta familiar a muchas personas, es que el limbo se refiere al lugar o estado permanente de los niños *no bautizados* o de otros que hayan creído pero no hayan sido bautizados antes de la muerte.

El problema implica la cuestión de lo que llamamos «pecado original». Esto es, que todos los humanos nacen con la mácula o la marca del pecado. No nos convertimos en pecadores cuando hacemos algo mal; *llegamos* a este mundo como pecadores: y esto queda claramente respaldado en muchos pasajes bíblicos. Pablo cita varios versículos de los salmos que prueban que todos son pecadores. Por ejemplo: «No hay ni un solo justo, ni siquiera uno» (Ro 3.10). Él continúa el argumento en el resto del capítulo.

Los cristianos siempre han sostenido que debemos abandonar el pecado y confiar en Jesucristo para entrar en el cielo, que es lo que hace esta cuestión de los niños tan problemática.

Hay dos respuestas sólidas que abordan este tema de lo que ocurre a los que mueren en la infancia. La primera (y probablemente la más popular) es si un niño muere antes de alcanzar «la edad de responsabilidad», Dios lo considera inocente. Nadie ha definido nunca con claridad esa «edad de responsabilidad», y eso también toma en cuenta a los deficientes mentales o a los que son incapaces de distinguir entre el bien y el mal. Así pues, no solo es una cuestión de edad.

Esto tampoco se aborda en la Biblia. De hecho, aquellos que no están de acuerdo señalan que no existe la edad de la inocencia, solo una edad de comprensión del propio pecado.

La segunda posición, que fue enseñada por muchos de los reformadores y líderes puritanos, es que la promesa de la salvación para los niños *solo* es para los hijos de los cristianos. El apoyo bíblico para este punto de vista viene de 1 Corintios 7.14: «Porque el esposo no creyente ha sido santificado por la unión con su esposa, y la esposa no creyente ha sido santificada por la unión con su esposo creyente. *Si así no fuera, sus hijos serían impuros, mientras que, de hecho, son santos*» (NVI, énfasis añadido).

La primera visión realmente no responde a la pregunta y, para muchos, la segunda parece severa.

Yo (Cecil Murphey) me he formado teológicamente y he sido profesor a tiempo parcial en una escuela bíblica durante dieciocho años. Fui pastor y misionero en Kenia. Apunto a este pasado para afirmar que me han hecho esta pregunta muchas veces durante mi carrera profesional. Aunque no conozco la respuesta, creo que la gracia y benevolencia de Dios es mucho, mucho más grande de lo que nosotros los humanos podemos imaginar, y esa es una de las cosas que Dios ha elegido no revelarnos.

Mi respuesta no será suficiente para todos, pero yo encuentro consuelo en estas palabras: «El SEÑOR nuestro Dios tiene secretos que nadie conoce. No se nos pedirá cuenta de ellos. Sin embargo, nosotros y nuestros hijos somos responsables por siempre de todo lo que se nos ha revelado, a fin de que obedezcamos todas las condiciones de estas instrucciones» (Dt 29.29).

El versículo significa que Dios nos hace responsables de lo que sabemos, y el resto descansa en Sus manos. Mi fe me permite confiar en Dios sin conocer la respuesta.

¿Habrá animales en el cielo?

La Biblia tampoco ofrece una clara respuesta a esta cuestión.

Tenemos que recordarnos que tener mascotas domésticas no era parte de la cultura hebrea antigua ni de la cristiana. Los gatos no se mencionan en la Biblia. Los perros eran carroñeros, y una imagen bíblica de ellos muestra ese concepto. De hecho, las referencias a los perros son casi siempre negativas y burlonas:

- Dios les dice a los israelitas: «Ustedes tienen que ser mi pueblo santo. Por eso, no coman ningún animal que haya sido muerto y despedazado por animales salvajes. Échenselo a los perros» (Ex 22.31).
- Cuando David se enfrenta a Goliat, el gigante es insultado y dice con desprecio: «¿Soy acaso un perro? [...] ¡Ven aquí, y les daré tu carne a las aves y a los animales salvajes!» (1 S 17.43–44).
- El profeta Ahías profetiza contra el rey Jeroboam y dice: «A los miembros de la familia de Jeroboam que mueran en la ciudad, se los comerán los perros y a los que mueran en el campo se los comerán los buitres. Yo, el SEÑOR, he hablado» (1 R 14.11).
- Hay un mensaje similar para el rey Baasa, que repite Jehú (ver 1 R 16.4).
- El Señor le da a Elías un mensaje para el malvado rey Ahab: «¿No te bastó con matar a Nabot? ¿También tienes que robarle? Por lo que has hecho, ¡los perros lamerán tu

sangre en el mismo lugar donde lamieron la sangre de Nabot!» (1 R 21.19).

El retrato de los perros no es mejor en el Nuevo Testamento:

- Jesús cuenta una historia acerca de un hombre rico y un mendigo llamado Lázaro. Él dice que los perros vendrían y lamerían sus llagas (ver Lc 16.21).
- Pablo advierte: «Cuídense de esos "perros", de esa gente que hace lo malo, esos mutiladores que les dicen que deben circuncidarse para ser salvos» (Fil 3.2).
- Al describir los nuevos cielos y la nueva tierra, Juan escribe de las bendiciones de aquellos que estarán en la nueva Jerusalén. Entonces dice: «Fuera de la ciudad están los perros: los que practican la brujería, los que cometen inmoralidades sexuales, los asesinos, los que rinden culto a ídolos, y todos los que les encanta vivir una mentira» (Ap 22.15).

La palabra «perros» es claramente un término denigrante para los impíos. Pero también muestra la realidad común durante los tiempos bíblicos: los perros no eran mascotas domésticas. Dicho esto, ¿por qué tendría que haber alguna referencia a los perros en el cielo? Habría sido repugnante para los antiguos creyentes.

Isaías escribe del día en que «el lobo y el cordero vivirán juntos, y el leopardo se echará junto al cabrito. El ternero y el potro estarán seguros junto al león [...] La vaca pastará cerca del oso, el cachorro y el ternero se echarán juntos, y el león comerá heno como las vacas» (11.6–7).

Algunos han visto en esto una promesa de tener mascotas en el cielo. Quizá sea así; sin embargo, el pasaje entero está escrito en lenguaje poético en términos que una cultura primitiva pudiera entender. Los enemigos naturales vivirían en armonía. Aunque puede que algunos se tomen esto literalmente, es más probable que sea una metáfora o una imagen de *cómo* será la vida en el cielo.

Muchos se sienten emocionalmente unidos a sus mascotas en la tierra, así que son incapaces de pensar en puro gozo y felicidad sin sus animales de compañía. Sin embargo, no hay una respuesta definitiva acerca de la presencia o la ausencia de mascotas en la eternidad.

Una respuesta está clara: cuando vivamos en la nueva Jerusalén, nuestras vidas serán perfectas, intachables y llenas de gozo. Si necesitamos a nuestras mascotas para disfrutar y mantener una alegría perfecta, podemos estar seguros de que Dios lo facilitará.

¿Los cristianos creen en la reencarnación?

Para responder a esta pregunta tenemos que definir la palabra «reencarnación». Esta idea, también llamada transmigración de las almas, enseña el retorno cíclico de un alma después de la muerte física para vivir otra vida en un nuevo cuerpo. El alma nace de nuevo una... y otra vez.

En ningún lugar de la teología judía o cristiana existe ninguna indicación o creencia en la reencarnación. La enseñanza de la reencarnación se construye sobre el concepto de la autosuperación: si hacemos el bien en esta vida, regresaremos en un estado superior. Del mismo modo, si hacemos el mal, bajaremos en la escalera.

La clara enseñanza cristiana es que vivimos esta vida, y en el día del juicio final aquellos de nosotros que somos creyentes entraremos en el reino eterno de Dios, la nueva Jerusalén, y seremos recompensados por los actos que hicimos en esta vida.

Y solo entonces.

En el pensamiento tradicional hindú, el alma renacida vuelve en otro estado, o en una forma de vida más elevada (como recompensa) o en una más baja (como castigo). La buena gente continúa avanzando hacia formas de vida superiores hasta que salen del ciclo de la reencarnación. Aquellos que tienen más malos actos que buenos, regresan como formas de vida más bajas, como una serpiente o un sapo. Los occidentales modernos que abrazan la reencarnación parecen ignorar la recompensa o el castigo y aseguran regresar como otro ser humano sin importar su anterior comportamiento.

Los cristianos serios siempre han rechazado la reencarnación.

Grupos como Unity School of Christianity, la Sociedad Teosófica y la Edgar Cayce's Association for Research and Enlightenment defienden el ciclo de las almas. La fallecida Jeanne Dixon (1904–1997) popularizó la versión occidental de la reencarnación por medio del libro de Ruth Montgomery *A Gift of Prophecy* [Un don de profecía]. Más tarde, celebridades como Shirley MacLaine también popularizaron la reencarnación.

Se calcula que al menos un veinticinco por ciento de los estadounidenses creen en alguna clase de reencarnación.

Unos cuantos defensores insisten en que los cristianos creían en la reencarnación hasta el siglo VI, cuando fue suprimida. No hay prueba de tal afirmación.

⌁⌁⌁

En un artículo de Joseph P. Gudel, Robert M. Bowman Jr. y Dan R. Schlesinger titulado «Reencarnación: ¿Fue suprimida por la iglesia?»,[23] los autores señalan que padres de la iglesia como Justino Mártir (c. 100–150 A.D.) aclaraban que no creían en ninguna forma de reencarnación. Refutan la acusación de que Clemente de Alejandría (c. 155–220 A.D.) enseñara la reencarnación.

Orígenes (c. 185–254 A.D.) es el padre de la iglesia más frecuentemente citado por los reencarnacionistas por enseñar su doctrina; sin embargo, los tres autores proporcionan extensas pruebas de que en realidad *se oponía* a ella. Lo mismo es cierto con Jerónimo (c. 345–419 A.D.), que ocasionalmente es citado como favorable a la transmigración de las almas.

Los autores afirman: «No solo ninguno de los padres de la iglesia aceptan la reencarnación [...] sino que explícitamente rechazan la noción por ser totalmente contraria a la fe cristiana». De ahí enumeran cierto número de padres de la iglesia que sostienen ideas contrarias a la reencarnación. Concluyen: «Ninguno de los padres de la iglesia comúnmente reconocidos como ortodoxos durante los primeros cinco siglos de la iglesia sostienen la reencarnación. La reencarnación en verdad no fue suprimida por la iglesia ni el siglo VI ni en ningún otro momento. Ha sido rechazada explícitamente por los líderes de la iglesia desde mediados del siglo II y nunca se ha tomado seriamente como una creencia que debía ser adoptada por los cristianos».[24]

〜〜〜〜

Aquellos que sostienen la reencarnación intentan probar su posición citando la Biblia. Un texto que usan a menudo es Juan 3.3. Este es el lugar significativo donde los evangélicos señalan que Dios dijo: «A menos que nazcas de nuevo, no puedes ver el reino de Dios». Toman «nacer de nuevo» para apoyar la reencarnación; sin embargo, el término literalmente significa «nacer de arriba» (también repetido en el v. 7). Los griegos no apoyan su visión.

¿Pero no era Juan el Bautista la reencarnación de Elías? Ahí es donde gran parte de los creyentes en la reencarnación basan sus argumentos. Después de todo, Mateo 17.10–13 dice: «Luego sus discípulos le preguntaron [a Jesús]: "¿Por qué los maestros de la ley religiosa insisten en que Elías debe regresar antes de que venga el Mesías?". Jesús contestó: "Es cierto que Elías viene primero a fin de dejar todo preparado. Pero les digo, Elías ya vino, pero no fue reconocido y ellos prefirieron maltratarlo. De la misma manera, también harán sufrir al Hijo del Hombre". Entonces los discípulos se dieron cuenta de que hablaba de Juan el Bautista».

Jesús se refiere a las palabras finales del profeta Malaquías, cuando habla de un tiempo de gran juicio: «Miren, les envío al profeta Elías antes de que llegue el gran y terrible día del Señor» (Mal 4.5). Elías prepararía el camino para el Mesías.

Lucas 1.17 aclara que Juan vino «con el espíritu y el poder de Elías», pero no era la reencarnación de Elías. El Antiguo Testamento es claro en que Elías cumplía el papel de aquel que señalaba el camino hacia Dios, igual que Juan hizo con Jesús.

Otro pasaje útil está en Lucas 9.7–8. Herodes ha matado a Juan el Bautista, y «cuando Herodes [...] oyó hablar de todo lo que Jesús hacía, quedó perplejo. Algunos decían que Juan el Bautista había resucitado de los muertos. Otros pensaban que Jesús era Elías o algún otro profeta, levantado de los muertos».

Si hubiese habido cualquier idea de reencarnación, ¿no habría señales? Por lo tanto, la gente creía en la resurrección, pero no en la reencarnación.

Además, si Juan el Bautista hubiera sido la reencarnación de Elías, ¿no lo habría sabido el propio Juan? Sin embargo, lo tenemos bien claro en el primer capítulo del evangelio de Juan. Juan declara que él no era el Mesías, pero también dice que no era Elías.

«"Bien. Entonces, ¿quién eres?", preguntaron. "¿Eres Elías?". "No", contestó» (Jn 1.21). Cuando le presionan, Juan dice: «Soy una voz que clama en el desierto: "¡Abran camino para la llegada del Señor!"» (v. 23). Cualquier judío habría entendido que se estaba refiriendo a la profecía de Isaías: «¡Escuchen! Es la voz de alguien que clama: "¡Abran camino a través del desierto para el Señor! ¡Hagan una carretera derecha a través de la tierra baldía para nuestro Dios!"» (Is 40.3).

La cita final de Juan aclara que la gente lo veía como una versión contemporánea de Elías, no como el profeta reencarnado.

En Lucas 1.17 la respuesta es evidente. El ángel Gabriel se aparece a Zacarías para hablarle del hijo que va a nacer, Juan (que será conocido como Juan el Bautista). «Será un hombre con el espíritu y el poder de Elías; preparará a la gente para la venida del Señor». Juan vendrá con el mismo celo que el profeta, pero no será la reencarnación de Elías.

~~~

Otro importante pasaje al que señalan los defensores de la reencarnación es Juan 9.1–3. Esta es la historia del hombre que había nacido ciego. Lo discípulos preguntan: «¿Por qué nació ciego este hombre? ¿Fue por sus propios pecados o por los de sus padres?» (v. 2).

Algunos teólogos judíos de la época de Jesús creían que era posible pecar mientras se estaba en el vientre de la madre. Citaban Génesis 4.7, donde Dios le dice a Caín: «El pecado está a la puerta». Este es uno de esos versículos que nadie parece capaz de explicar satisfactoriamente. ¿Qué nos dice esto del pecado en el vientre de la madre? ¿Es la barriga de la madre «la puerta del útero»? Caín era adulto en ese momento.

Algunos judíos estaban influidos por Platón y los griegos, que creían en la reencarnación. También pensaban que la aflicción de una persona —aunque esa persona hubiera nacido de ese modo— podía venir del pecado que había sido cometido antes de que naciera.

Jesús zanjó la cuestión diciendo: «No fue por sus pecados ni tampoco por los de sus padres» (Jn 9.3).

Sobre esta tema, la posición de los cristianos es que no hay absolutamente ninguna evidencia en la Biblia de la transmigración de las almas.

También es momento de citar Hebreos 9.27–28 de nuevo: «Y así como *cada persona está destinada a morir una sola vez* y después vendrá el juicio, así también Cristo murió en sacrificio una sola vez y para siempre, a fin de quitar los pecados de muchas personas» (énfasis añadido).

¿Seremos seres sexuales en el cielo?

Esta pregunta se ha hecho de muchos modos, como «¿Habrá relaciones románticas? ¿Seguiremos juntos mi esposo y yo?».

La pregunta parece animar a muchos a afirmar que las relaciones sexuales serán parte del cielo. Un hombre que había estado casado casi cuarenta años antes de que su esposa muriese insistía en que si no había sexo en el cielo él se sentiría enormemente decepcionado. Su afirmación muestra un concepto del cielo inadecuado. Sea cual sea la respuesta, Dios hará del cielo algo mucho mejor y maravilloso que cualquier cosa que podamos esperar. Si eso es verdad, ¿cómo podría cualquiera de nosotros sentirse decepcionado con el cielo?

Un hombre que había enterrado dos esposas preguntó: «Si hay sexo en el cielo, ¿a qué esposa pertenecería yo?».

Esta, de nuevo, es una de las cuestiones que la gente responde en términos emocionales y humanos de la vida presente. Dios creó seres humanos con una naturaleza sexual. ¿Pero y si el cielo es completamente diferente?

¿Nos atreveremos a imponer nuestro pensamiento y nuestros sentimientos sobre la vida terrenal para expresar lo que la vida será con Jesucristo en los nuevos cielos y la nueva tierra? ¿No es mejor permanecer en silencio donde la Biblia está en silencio? La mejor respuesta a la pregunta es: «No lo sabemos».

Aun así, Lucas 20.27 contiene una interesante enseñanza de Jesús cuando fue confrontado por los saduceos en un intento obvio de ponerle en evidencia: «Después se acercaron a

Jesús algunos saduceos, líderes religiosos que dicen que no hay resurrección de los muertos». Su enrevesada pregunta fue así:

> Maestro, Moisés nos dio una ley que dice que si un hombre muere y deja a una esposa sin haber tenido hijos, su hermano debe casarse con la viuda y darle un hijo para que el nombre del hermano continúe. Ahora bien, supongamos que había siete hermanos. El mayor se casó y murió sin dejar hijos. Entonces el segundo hermano se casó con la viuda, pero él también murió. Luego el tercer hermano se casó con ella. Lo mismo sucedió con los siete, quienes murieron sin dejar hijos. Por último, la mujer también murió. Entonces dinos, ¿de quién será esposa en la resurrección? ¡Pues los siete estuvieron casados con ella! (vv. 28–33)

Parece que la pregunta de los saduceos tenía la intención de hacer que la creencia en la resurrección pareciera ridícula. Pero Jesús les dijo que no pensasen en el cielo en los términos de esta tierra, porque será bastante diferente. Les dijo: «El matrimonio es para las personas aquí en la tierra; pero en el mundo que vendrá, los que sean dignos de ser levantados de los muertos no se casarán, ni se darán en casamiento, ni volverán a morir. En este sentido, serán como ángeles. Ellos son hijos de Dios e hijos de la resurrección» (vv. 34–36).

Por medio de las palabras de Jesús, la respuesta parece ser que las relaciones sexuales no serán parte del cielo. Y si es el cielo de verdad, no será algo que echemos de menos, porque nos han asegurado que la vida será perfecta en todos los sentidos.

¿No son satisfactorias las palabras de Jesús?

¿Qué son las experiencias cercanas a la muerte?

Como mencionamos en la primera parte, el término «experiencia cercana a la muerte» fue acuñado por el doctor Raymond Moody y popularizado en su libro *Vida después de la vida*, publicado por primera vez en 1975. Habermas y Moreland afirman: «La evidencia de las experiencias cercanas a la muerte incluye informes corroborados y algunos medios científicos limitados de probarlas y sistematizarlas [...] por la enumeración de cuatro tipos diferentes de evidencias».[25]

⌁⌁⌁

La primera clase de evidencia viene de individuos que estuvieron *casi muertos*. Sabemos de muchas ocasiones en las que los moribundos «eran capaces de ver individuos, sucesos o circunstancias a su alrededor, o incluso en otros lugares, con una asombrosa precisión después de estar cerca de morir o de ser declarados clínicamente muertos».[26]

Algunos de los sucesos que la gente describió tenían lugar mientras estaban en coma. Ocurrieron cosas que el individuo cercano a la muerte no podía haber sabido, aunque hubiera estado consciente.

Habermas y Moreland presentan varios casos notificados. Uno era el de una joven llamada Katie que casi se ahoga en una piscina. Fue resucitada y le dieron un diez por ciento de posibilidades de sobrevivir. Tres días después se recuperó y contó sucesos maravillosos que tuvieron lugar «aunque ella estuvo "en un coma profundo", con los ojos cerrados todo el tiempo».[27]

Katie dijo que se encontró con Jesús y «siguió» a su familia. Dijo que su madre había preparado la cena, cómo había reaccionado su padre y los chicos con los que habían jugado su hermano y su hermana: cosas que ella no podía haber sabido. Su familia confirmó cada detalle.

La segunda clase de evidencia viene de aquellos que informan de una experiencia cercana a la muerte *después de que su corazón se pare*. Habermas y Moreland citan fuentes que afirman que seis minutos es la duración máxima de muerte clínica en la que el córtex cerebral se puede recuperar completamente.[28]

Hablan de un chico, de once años, que sufrió un paro cardiaco en el hospital y no tuvo pulso durante veinte minutos. Como muchos otros que pasan por experiencias cercanas a la muerte, describió fielmente los procedimientos médicos, la localización y el color de los instrumentos e incluso el género del personal médico y sus conversaciones.[29]

Un tercer tipo de evidencia viene de individuos que informan de experiencias cercanas a la muerte *después de que el cerebro se pare*. Estos son pacientes que han registrado una *ausencia total* de ondas cerebrales. Habermas y Moreland informan del cardiólogo Fred Schoonmaker, que durante dieciocho años estudió 1400 casos de personas que informaron de experiencias cercanas a la muerte. Más de cincuenta tuvieron lugar con lecturas planas de electroencefalograma, con periodos que se extendían entre treinta minutos y tres horas. Los autores señalan: «Muchos de los pacientes informaron de incidentes que también fueron corroborados por otros».[30]

Un cuarto tipo de evidencias vienen de individuos que informaron que *vieron amigos y seres queridos que no sabían que habían muerto*. Los individuos informan haber visto o haber sido visitados por seres queridos que ellos sabían que estaban muertos, aunque nadie se lo hubiese dicho. En cierto número de casos, nadie presente había escuchado todavía de la muerte de esos individuos. Fue después que descubrieron que sus seres queridos habían muerto, a veces a la misma hora en la que la persona les había visto en una experiencia cercana a la muerte.

Un ejemplo es el de un niño llamado Cory que le dijo a su madre que su novio del instituto había quedado herido en un accidente de coche y había muerto. Su madre no sabía si era verdad, así que hizo algunas llamadas telefónicas y descubrió que su antiguo pretendiente había muerto el mismo día que Cory lo había visto.

Estos individuos también informan de haberse encontrado a gente fallecida que nunca habían conocido. Un relato es el de un hombre que tuvo varias experiencias cercanas a la muerte y que «dijo haber ido al infierno varias veces». Se convirtió, y «en una de sus siguientes experiencias, este hombre se encontró en un desfiladero lleno de hermosos colores, vegetación exuberante y luz».[31] Se encontró con su madrastra y con su madre. Su madre biológica había muerto cuando él tenía quince meses, y nunca había visto una fotografía suya.

La tía del hombre le visitó más adelante y le llevó una fotografía de su madre de pie entre varias personas. «El hombre no tuvo ninguna dificultad para identificar a su madre, lo que asombró a su padre».[32]

≈∽∽≈

Según la encuesta Gallup de 1992, cerca del cinco por ciento de estadounidenses han tenido una experiencia cercana a la muerte (entre 13 y 15 millones de personas). Una página web calcula que cada día 774 estadounidenses tienen una experiencia cercana a la muerte.[33] El número seguramente es mayor, porque mucha gente no habla de ellas, especialmente aquellos que tienen experiencias donde sintieron que iban al infierno antes de ser resucitados.

¿Qué causa las experiencias cercanas a la muerte?

La respuesta fácil y corta es que no lo sabemos. Aquí están las ocho teorías más populares de lo que puede causar una experiencia cercana a la muerte.

1. La teoría del cerebro moribundo

Esta teoría la popularizó la doctora Susan Blackmore en su libro *Dying to Live* [Morir para vivir].[34]

Aquellos que han tenido experiencias cercanas a la muerte parecen seguir el mismo sendero hacia la luz y tener estados similares en el camino, lo que parece un argumento para pensar que toda la experiencia sea un profundo viaje espiritual hacia un más allá donde cualquiera, de todas las edades y culturas, es bienvenido. Sin embargo, esa misma evidencia, dice Blackmore, también es parte fundamental del argumento de que no son experiencias reales sino una función del cerebro moribundo.

Los escépticos aseguran que todos los cerebros mueren del mismo modo, lo que explica por qué la gente que ha tenido experiencias cercanas a la muerte habla de elementos similares. Los escépticos dicen que no es que la persona moribunda esté viajando hacia un hermoso más allá, sino que los neurotransmisores cerebrales se están apagando y están creando las mismas ilusiones para todos aquellos que están cerca de morir.

¿Pero por qué? ¿Por qué tendría que hacer eso un cerebro moribundo si solo es una masa de tejido altamente sofisticada? ¿Somos individuos con personalidades y mentes que son exclusivas a nosotros? ¿O somos simples cuerpos controlados por cerebros inteligentes, cada uno de los cuales funciona de una manera ligeramente diferente del resto, haciéndonos así distintos a todos aunque haya muchas más similitudes que diferencias entre nuestros cerebros?

Los científicos y los investigadores están divididos. Algunos reducen los informes de experiencias cercanas a la muerte a nada más que una serie de reacciones cerebrales. Pocos hoy en día niegan la realidad de esas experiencias, pero disputan la causa y su significado. Dentro de la comunidad científica hay dos grandes líneas de investigación: una toma el enfoque psicológico y busca razones para que los seres humanos se comporten como lo hacen, o piensen, o posiblemente alucinen; y la otra es el sencillo enfoque fisiológico, que investiga la parte del cerebro que funciona mal y causa que estos episodios ocurran.

El argumento despersonalizado —que las experiencias cercanas a la muerte son el resultado del cerebro empezando a morir— no es aceptado por muchos investigadores porque dicen, en esencia, que reduce una experiencia profunda y transformadora a nada más que un conjunto de neurotransmisores que comienzan a fallar. Un serio contraargumento —y no solo de cristianos— es que si no hay vida después de la muerte y las experiencias cercanas a la muerte son evidencias de un cerebro moribundo, ¿por qué preocupan?

Si todo, incluyendo el alma y la personalidad, se convertirá en polvo y cenizas, ¿por qué el cerebro pone en marcha este último y maravilloso espectáculo para la gente que está cercana a la muerte, o que se enfrenta a una muerte real, quienes se relajan llenos de paz y describen fabulosas visiones? Si las experiencias cercanas a la muerte son una alucinación, ¿por qué tanta gente reporta haber escuchado palabras como «Tienes que volver; tu trabajo no ha finalizado aún», o «No es tu hora de morir»? Si son meras alucinaciones, ¿cómo es posible que tanta gente haya recibido alucinaciones similares?

2. La teoría de Charles Darwin

Esta teoría asegura que las experiencias cercanas a la muerte son un truco deliberado de la raza humana para ayudar a aquellos que quedan atrás a adaptarse al inevitable fin de la vida. La simple teoría de Darwin de la supervivencia del más preparado sostiene que todas las especies luchan por incrementar su presencia en esta tierra y garantizar la supervivencia de sus descendientes. Su teoría, sin embargo, no explica por qué esas experiencias son erráticas, o por qué nos desviamos durante años por un sendero evolutivo haciendo algo de lo que gente es reacia a hablar. Después de todo, en términos darwinianos, los humanos son los dueños completos de la tierra.

3. La teoría de la alucinación

Esta teoría viene de aquellos que creen (pero que no pueden probar) que cuando muere, el cuerpo humano segrega endorfinas y hormonas que actúan sobre el sistema nervioso central para suprimir el dolor. Esto se conoce popularmente por la «euforia del corredor», que ocurre cuando los corredores de larga distancia atraviesan la barrera del dolor y entran en un estado de euforia. Sin embargo, las endorfinas no son alucinógenas, y no recrean un estado similar al de aquellos que reportan tener experiencias cercanas a la muerte.

Los investigadores que estudian los receptores neurotransmisores dicen que existe un poderoso anestésico llamado ketamina que puede producir algunas de las características de una experiencia cercana a la muerte, particularmente la sensación de estar fuera del cuerpo. El doctor Ronald Siegel, de la UCLA, asegura haber reproducido esa clase de experiencias en su laboratorio suministrando LSD a sus voluntarios.

Pero otros investigadores dicen que aunque las alucinaciones inducidas por las drogas pueden tener *alguna semejanza* con las experiencias cercanas a la muerte, no son lo mismo. Por un lado, las alucinaciones inducidas por las drogas a menudo evocan experiencias terroríficas y paranoicas, que no es el caso general en las experiencias cercanas a la muerte. Las alucinaciones inducidas también distorsionan la realidad, mientras que aquellos que han tenido experiencias cercanas a la muerte las describen como «hiperrealidad».

La cuestión de si las drogas o la medicación pueden causar experiencias cercanas a la muerte no es nueva, y los analistas han realizado una gran cantidad de investigaciones al respecto. Habermas y Moreland citan los resultados de Osis y Haraldsson, como informan en su libro *At the Hour of Death* [A la hora de la muerte], en donde dicen: «Solo en un pequeño porcentaje de casos las drogas han sido relevantes. De los 425 pacientes con datos médicos, el 61% no recibió drogas, mientras que otro 19% al que se le suministraron drogas no sufrió efectos sobre su conciencia [...] Así pues, el 80% [...] no se vio afectado por las drogas. Esto significa que solo una quinta parte se consideró que hubiesen sido influidos por la medicación».[35]

4. La teoría del lóbulo temporal

Esta teoría afirma que *algunas* características de las experiencias cercanas a la muerte ocurren en una clase de epilepsia asociada con daño en el lóbulo temporal del cerebro. Al estimular eléctricamente ese lóbulo, los investigadores pueden imitar algunos elementos de las experiencias, como el de una persona dejando su cuerpo atrás y ver los recuerdos de la vida pasando por delante. Estos investigadores sugieren que el estrés de estar cerca de la muerte puede causar la estimulación de ese lóbulo.

Algunas evidencias que apoyan su teoría se encuentran en personas que han sufrido infartos que han afectado a esa parte del cerebro o que tenían tumores en esa área. Sin embargo, las emociones características de la estimulación de este lóbulo temporal fueron miedo, tristeza y soledad: prácticamente lo opuesto a la calma y a la paz.

Además, aunque un mecanismo químico esté presente en el cerebro, eso no significa que las experiencias cercanas a la muerte sean en sí mismas reacciones químicas.

5. La teoría de la falta de oxígeno

Esta teoría sostiene que la falta de oxígeno en el cerebro o demasiado dióxido de carbono causa experiencias cercanas a la muerte. Sin embargo, esto no explica por qué algunos pacientes ofrecen informes completos y precisos de cosas que ocurrían a su alrededor durante sus experiencias.

Las comparaciones entre aquellos que reportan experiencias cercanas a la muerte y los que tienen alucinaciones producidas por un cerebro privado de oxígeno muestran que las últimas son caóticas y más parecidas a las alucinaciones psicóticas. Confusión, desorientación y miedo son los resultados típicos, comparado con la tranquilidad, la calma y la sensación de orden de la que hablan las personas que tienen experiencias cercanas a la muerte.

Las dos pueden tener características similares, como el sentimiento de bienestar de la persona. Aquellos que han experimentado ambas en diferentes momentos dicen que hay una diferencia inconfundible. Las alucinaciones, ya sean inducidas deliberadamente por las drogas o por una falta de oxígeno, casi siempre tienen lugar mientras se está consciente, mientras que las experiencias cercanas a la muerte ocurren durante la inconsciencia: a veces cuando se está tan cerca de la muerte que no hay registro de actividad cerebral en un electroencefalograma (la máquina que monitoriza las ondas cerebrales).

Además, aquellos cuyas condiciones médicas los llevan al borde de la muerte y tienen experiencias cercanas a la muerte no llegan ahí por haber sido privados de oxígeno, o por medio de cualquier medicación. Eso es particularmente cierto para las víctimas de accidente.

6. La teoría de la despersonalización

Esta teoría, introducida alrededor de 1930, defiende que aquellos que enfrentan una realidad desagradable de muerte y enfermedad intentan reemplazarla con fantasías placenteras para protegerse. Despersonalizan la experiencia alejándose de sus cuerpos y flotando.

Aunque la teoría todavía sale de vez en cuando, se ha puesto en entredicho ampliamente porque una característica típica de aquellos que tienen una experiencia cercana a la muerte es que es extremadamente personal, con unos sentimientos espirituales fuertes y con un estado de alerta y de conciencia mayores.

7. La teoría del recuerdo del nacimiento

Esta teoría niega que las experiencias cercanas a la muerte tengan cualquier conexión con la muerte e insiste en que son recuerdos del propio nacimiento de la persona. Un bebé que nace deja el útero y viaja por un túnel hacia la luz. La luz al final normalmente es amor y calor. Lo que ocurre en el momento de la muerte, afirman ellos, solo es un recuerdo guardado de lo que sucedió cuando comenzó la vida.

Hay problemas con esa teoría. Los bebés que nacen *no flotan a altas velocidades* por un túnel, sino que son empujados por él *con dificultad* por las contracciones de sus madres.

Además, la teoría no tiene explicación para el encuentro de la persona con amigos y familiares que han muerto. El «Ser de Luz» se supone que es el médico (o la comadrona) en la sala de partos, aunque muchos bebés nacen sin la presencia de ningún profesional.

Otro punto en contra de la teoría es que los sistemas nerviosos de los niños no están suficientemente desarrollados para asimilar y almacenar recuerdos del proceso del parto. Aquellos que defienden esta teoría dicen que los sentimientos de paz y de dicha son el recuerdo de la paz en el útero que la persona sentía cuando la madre suplía todas sus necesidades físicas y no había estrés o presiones.

Y aun así, nacer no siempre es una experiencia placentera para los bebés; les deja llorando como si estuvieran en agonía. En contraste, las experiencias cercanas a la muerte normalmente son la experiencia más placentera que un individuo pueda tener.

8. La teoría del más allá

Esta teoría dice que es difícil (si no imposible) explicar las experiencias cercanas a la muerte en términos de funcionamiento del cerebro físico. Muchos investigadores ya no sienten la necesidad de probar que esas experiencias suceden, sino que son los escépticos los que tienen que probar que no lo hacen.

Esta es la posición que tomamos en este libro. Lo vemos como la evidencia no solo de vida más allá de la muerte, sino también de la vida eterna tras nuestra estancia en la tierra. Además, decimos que aquellos que han afirmado haber muerto (o que creen que sus espíritus o almas dejaron sus cuerpos) y han regresado a sus cuerpos han estado «cercanos a la muerte». Es decir, no han sufrido la muerte duradera y final que es inevitable para todos los humanos.

¿Qué es lo que suele ocurrir en las experiencias cercanas a la muerte?

«El cielo es real. ¿No sería maravilloso saberlo? ¿Puede imaginarse cómo se sentiría con la certeza de saber que hay vida después de la muerte?».

Estas son las primeras palabras del libro de Mally Cox-Chapman *The Case for Heaven* [En defensa del cielo].[36] Ella habla de un grupo de miembros de iglesia que escucharon una charla sobre el cielo.

Una oficial de policía, Dorothy Young, insistía en que el cielo existe por que ella había estado allí. Explicaba que después de haber perdido a su cuarto hijo estaba en el hospital cuando «sintió una corriente fría y oscura pasando por encima de ella» y «una luz brillante y acogedora la envolvió [...] Se sintió más feliz que nunca [...] Escuchó el sonido de un bebé llorando en lo profundo de la Luz. Se le hizo entender que su hija no nacida iba a estar en la Luz y que estaría bien».[37]

Después de terminar su historia la gente se sentó en silencio, porque Dorothy no era una extraña, sino alguien a quien conocían bien. Cox-Chapman dice que Dorothy era la despachadora de la comisaría de policía, la persona a la que todo el mundo llamaba cuando había una crisis.

La autora también señala que todos los oyentes «tuvieron que decidir si su historia era fidedigna. Todos tuvieron que preguntarse qué significaba». Como el propio pastor de Dorothy dijo después: «Nunca le había prestado mucha

atención a las experiencias cercanas a la muerte [...] y ahora
Dorothy está contando la suya y pienso: *Esto es realmente
importante*».[38]

Este sencillo comienzo ilustra las actitudes y experiencias
que muchos comparten.

Como relatan las historias de la primera parte, durante casi
cuarenta años se han difundido historias de gente muriendo en
la mesa de operaciones y teniendo una extraña experiencia, especialmente la de escuchar al equipo médico decir algo como «Lo
hemos perdido». Solo minutos después la persona «regresa» a su
cuerpo y sobrevive.

Durante mucho tiempo mucha gente ha sido escéptica
respecto a tales relatos, y algunos incluso lo son hoy. Muchos
permanecen escépticos hasta que alguien que conocen bien
les cuenta una experiencia así. Entonces, como los miembros
de la congregación de Dorothy, tienen que decidir si creen el
relato.

◠◠◠

En el pasado, a menudo pensamos en algo llamado «el momento
de la muerte». La investigación y la experiencia aclaran que es
una transición o un pasaje, y no el estricto paso de un momento
de vida al siguiente momento de muerte.

Para complicar el concepto de la muerte y de casi muerte,
estos relatos vienen de aquellos que han tenido experiencias cercanas a la muerte. Como son personales, sus experiencias no
pueden ser verificadas objetivamente, y no se puede probar si
dejaron sus cuerpos y fueron al cielo. Además, algunos individuos han informado de experiencias cercanas a la muerte
similares pero sin la sensación de estar muertos.

Los escépticos despachan estas experiencias insistiendo en que las drogas, la falta de oxígeno o la disociación las causan. Citan las teorías discutidas en la pregunta anterior: estimulación del lóbulo temporal, subida de endorfinas, anestesia e incluso recuerdos del nacimiento como las razones para tales experiencias. También dicen que hay varios *detonantes* para las experiencias cercanas a la muerte.

~~~~~

Puesto que empezamos con la predisposición a favor de que las experiencias cercanas a la muerte sean genuinas y un anticipo de la eternidad, aquí hay algunos argumentos que usamos contra los que dudan:

• La anestesia durante una cirugía a menudo reduce las probabilidades que los pacientes recuerden una experiencia cercana a la muerte. Medicamentos como el Valium a menudo se añaden a la anestesia para crear amnesia durante la operación.
• Un detonante no es la experiencia en sí. (Los terapeutas usan la palabra «detonante» para referirse a un estímulo que causa o genera una respuesta en particular.)

A pesar de las críticas mencionadas antes, investigadores de todos los continentes han llegado a la conclusión de que tales experiencias son auténticas, aunque pueden discrepar en cuanto a cómo interpretarlas.

Mucha gente que ha tenido experiencias cercanas a la muerte han introducido sus nombres en la base de datos de la International Association of Near-Death Studies (IANDS).[39]

Como mostramos antes, estos individuos informan de características comunes, como la sensación de salir de sus cuerpos, atravesar un oscuro túnel y entrar en la luz.

No todos aquellos que informan haber tenido estas experiencias aseguran que fueran positivas.

¿Qué hay de aquellos que dicen haber ido al infierno?

No solo son cristianos lo que informan de haber tenido experiencias cercanas a la muerte; aquellos que pertenecen a varios grupos religiosos y seculares en todo el mundo también lo reportan. Muchos de estos reportes vienen de individuos que hablan de la dicha y felicidad que experimentaron mientras estaban fuera del cuerpo.

Pero esto no es verdad en todos los casos. Algunos informan de haber ido al infierno. Es imposible dar un número preciso de cuánta gente ha tenido esta clase de experiencias, porque no suelen hablar de lo que les ha ocurrido.

Don Piper dice que en las firmas de su libro sobre el cielo, posteriores a cuando habla en iglesias o grupos cívicos, no es raro que personas le pidan hablar con él en privado para contarle sus experiencias. Puesto que él es abierto acerca de lo que le pasó, muchos hablan de su terror y admiten que rara vez se sienten cómodos hablando con los demás.

Varios expertos en experiencias cercanas a la muerte dicen que aquellos que no son religiosos son cambiados, y muchos se vuelven creyentes solo por la dichosa experiencia.

Nuestra suposición es que muchos de los que dicen haber experimentado el infierno lo ven como una advertencia. Muchos se hacen creyentes como resultado de tales experiencias poderosas y aterradoras.

¿No habla la Biblia de «morir una sola vez»?

Hebreos 9.27 crea problemas a muchos cristianos cuando escuchan historias como la de Don Piper, que murió y fue al cielo. En lo personal, yo (Cecil Murphey), fui el escritor de apoyo de *90 minutos en el cielo*, y en verdad esa es una de las muchas preguntas a las que me enfrenté antes de acceder a escribir su libro.

He aquí el pasaje problemático: «Y así como cada persona está destinada a morir una sola vez y después vendrá el juicio, así también Cristo murió en sacrificio una sola vez y para siempre, a fin de quitar los pecados de muchas personas» (Heb 9.27–28).

Antes de contestar a esta pregunta, debemos preguntarnos qué es lo que Hebreos 9.27 quiere decir en realidad. La cuestión del énfasis en este pasaje es que los humanos *definitivamente morimos una vez* y después de eso enfrentamos el juicio; Jesús murió una vez como sacrificio por el pecado.

El contexto habla de que los sumos sacerdotes judíos tenían que ofrecer sacrificios por el pecado año tras año porque los sacrificios de animales no podían cubrir el pecado humano. El escritor de Hebreos señala que debido a la eficaz muerte de Jesús, ya no hacen falta más sacrificios.

La intención del pasaje no es hablar contra aquellos que han muerto y han regresado. Realmente no está estableciendo una declaración doctrinal acerca de la muerte humana tanto como afirmando un simple hecho: al final los humanos morimos una sola vez igual que Jesús murió una sola vez. Los humanos morimos una muerte natural, mientras que Jesús murió una muerte especial que nos benefició a todos.

Miremos también la Biblia en su totalidad. Si Hebreos 9.27 fuera una afirmación de que la gente muere una vez y que las experiencias cercanas a la muerte no pueden ser reales, una regla básica de la hermenéutica (la interpretación de la Biblia) dice que necesitamos una afirmación clara para establecer cualquier doctrina. Podemos encontrar varias afirmaciones acerca de la eficacia de la muerte de Jesús, o de que Dios nos ama a todos, pero Hebreos 9.27, por sí solo, no pasa esa prueba.

También hay evidencias de lo contrario.

1. El relato de Enoc

Muchos expertos aseguran que Enoc no tuvo una muerte humana. He aquí el pasaje:

> Cuando Enoc tenía sesenta y cinco años, fue padre de Matusalén. Después del nacimiento de Matusalén, Enoc vivió en íntima comunión con Dios trescientos años más y tuvo otros hijos e hijas. Enoc vivió trescientos sesenta y cinco años andando en íntima comunión con Dios. Y un día desapareció, porque Dios se lo llevó. (Gn 5.21–24)

La Nueva Versión Internacional traduce el versículo 24 así: «Y como anduvo fielmente con Dios, un día desapareció porque Dios se lo llevó».

En los versículos anteriores y posteriores a la historia de Enoc, el escritor se refiere a gente que muere, así que «Dios se lo llevó» no era un eufemismo para la muerte. Por ejemplo, en el versículo justo anterior a la mención de Enoc (v. 20), se habla de que Jared murió. Inmediatamente después de Enoc, leemos de los 969 años de Matusalén «y después murió».

2. El relato de Elías

Tampoco podemos pasar por alto el relato de Elías. En una
historia que cuenta la Biblia, Elías y su protegido, Eliseo, estaban caminando juntos. Elías le dice a su seguidor: «Dime qué
puedo hacer por ti antes de ser llevado» (2 R 2.9). El joven le
pide una doble porción del espíritu de Elías y convertirse en su
sucesor. He aquí el resto del relato:

> Mientras iban caminando y conversando, de pronto
> apareció un carro de fuego, tirado por caballos de
> fuego. Pasó entre los dos hombres y los separó, y Elías
> fue llevado al cielo por un torbellino. Eliseo lo vio y
> exclamó: «¡Padre mío! ¡Padre mío! ¡Veo los carros de
> Israel con sus conductores!». Mientras desaparecían
> de su vista, rasgó su ropa en señal de angustia. (vv.
> 11–12)

Unos cuantos versículos después, Eliseo se encuentra con
un «grupo de profetas de Jericó [que] vio desde lejos lo que
había sucedido» y fueron a buscar al profeta perdido. Eliseo les
dijo que no, pero ellos «insistieron tanto que él, avergonzado,
finalmente aceptó [...] Así que cincuenta hombres buscaron
a Elías durante tres días, pero no lo encontraron. Eliseo aún
estaba en Jericó cuando los hombres regresaron. "¿Acaso no les
dije que no fueran?", preguntó» (vv. 15–18).

A pesar de los días de búsqueda, no encontraron un cuerpo,
por lo que los creyentes a lo largo de los siglos han aceptado
que Elías se fue al cielo sin morir.

3. El hijo de la mujer sunamita

En esta historia, contada en 2 Reyes 4.20–36, un niño muere y su madre pide ayuda a Eliseo. Por el contexto, es obvio que el niño había estado muerto bastante tiempo. La Biblia afirma que después de que Eliseo y su sirviente Giezi llegaran a la casa, «el niño estaba muerto, acostado en la cama del profeta» (v. 32). Elías se tendió sobre el cuerpo del niño, respiró en su boca, y «¡el cuerpo del niño comenzó a entrar en calor!» (v. 34). El niño estornudó siete veces y abrió los ojos (v. 35).

4. Pablo fue al tercer cielo/paraíso

En 2 Corintios 12.1–7, Pablo relata que fue llevado «hasta el tercer cielo». Esto seguramente no quiere decir que pasara por dos cielos más bajos, sino que es un modo de expresar el definitivo, como decir el cielo más alto y supremo. Es bastante posible que Pablo hubiese tenido una experiencia cercana a la muerte, aunque su relato contiene detalles y un rico lenguaje que normalmente no se asocia con ellas.

En consecuencia, las autoridades a lo largo de los siglos han reconocido que Pablo murió, fue al cielo más alto y vio y experimentó muchas cosas más allá de las palabras humanas. Dios lo mandó de vuelta con una «espina en la carne». Nadie conoce el significado de la espina, pero muchos expertos suponen que era un achaque físico.

La implicación del pasaje es que sea lo que sea que le pasó a Pablo, fue algo más que una experiencia cercana a la muerte.

5. El hijo de la viuda de Naín

También está la historia del hijo de la viuda de Naín. El evangelio de Lucas registra que Jesús y sus discípulos fueron a la aldea de Naín:

> Cuando Jesús llegó a la entrada de la aldea, salía una procesión fúnebre. El joven que había muerto era el único hijo de una viuda, y una gran multitud de la aldea la acompañaba. Cuando el Señor la vio, su corazón rebosó de compasión. «No llores», le dijo. Luego se acercó al ataúd y lo tocó y los que cargaban el ataúd se detuvieron. «Joven—dijo Jesús—, te digo, levántate». Entonces *el joven muerto* se incorporó ¡y comenzó a hablar! Y Jesús lo regresó a su madre. Un gran temor se apoderó de la multitud, y alababan a Dios diciendo: «Un profeta poderoso se ha levantado entre nosotros» y «Dios ha visitado hoy a su pueblo». (Lc 7.12–16, énfasis añadido)

Si el joven solo hubiera tenido una experiencia cercana a la muerte, habría durado más que las registradas por la gente de hoy en día.

Justo después de aquel suceso, Juan el Bautista envió a sus seguidores a preguntarle a Jesús si Él era el Mesías. Jesús había realizado muchos milagros en medio de ellos y les dijo que informaran a Juan de lo que habían visto. «Los ciegos ven, los cojos caminan bien, los leprosos son curados, los sordos oyen, *los muertos resucitan*» (Lc 7.22, énfasis añadido).

6. Lázaro estuvo muerto durante cuatro días

Según Juan 11, Lázaro había estado muerto durante dos días antes de que Jesús oyera su situación, y pasaron dos días más antes de que Jesús fuera a la tumba. «Cuando Jesús llegó a Betania, le dijeron que Lázaro ya llevaba cuatro días en la tumba» (v. 17).

Cuando Jesús escuchó por primera vez el triste suceso, él dijo que su amigo Lázaro se había «dormido» y que iba a despertarlo. Sus discípulos tomaron sus palabras como que querían decir que Lázaro estaba bastante enfermo (posiblemente en coma) y que mejoraría. «Ellos pensaron que Jesús había querido decir que Lázaro solo estaba dormido, pero Jesús se refería a que Lázaro había muerto. Por eso les dijo claramente: "Lázaro está muerto"» (Jn 11.13–14).

No creo que una declaración de muerte pueda ser más fuerte.

El relato termina con estas palabras: «Entonces Jesús gritó: "¡Lázaro, sal de ahí!". Y *el muerto* salió de la tumba con las manos y los pies envueltos con vendas de entierro y la cabeza enrollada en un lienzo. Jesús les dijo: "¡Quítenle las vendas y déjenlo ir!"» (11.43–44, énfasis añadido).

7. El relato de Eutico

En esta historia, Pablo se había reunido con los ancianos en un aposento alto en Troas. Sería su última vez con ellos:

> Pablo les estaba predicando y, como iba a viajar el día siguiente, siguió hablando hasta la medianoche. El cuarto de la planta alta, donde nos reuníamos, estaba iluminado con muchas lámparas que titilaban. Como

Pablo hablaba y hablaba, a un joven llamado Eutico, que estaba sentado en el borde de la ventana, le dio mucho sueño. Finalmente se quedó profundamente dormido y se cayó desde el tercer piso *y murió*. Pablo bajó, se inclinó sobre él y lo tomó en sus brazos. «No se preocupen —les dijo—, ¡está vivo!» [...] llevaron al joven a su casa ileso y todos sintieron un gran alivio. (Hch 20.7–12, énfasis añadido)

En cada uno de los siete ejemplos anteriores, el significado más natural y obvio es que cuatro de ellos murieron literalmente, y la Biblia lo afirma. (En la historia de Pablo no se dice que el joven muriese, pero los estudiosos generalmente están de acuerdo en que el pasaje así lo hace ver.) Volvieron a la vida. Sin embargo, no hay nada que implique que esas cinco personas no murieran al final como todos los seres humanos; pero dos de ellos, Elías y Enoc, no murieron. Dios se los llevó de este mundo.

Por eso, la respuesta obvia es que Hebreos 9.27 no puede tomarse como doctrina porque hay muchas afirmaciones claras de lo contrario.

Si Hebreos 9.27 establece una doctrina rígida, Dios mismo la rompió con Elías, Enoc, Lázaro, Pablo, el hijo de la viuda y Eutico.

He aquí un versículo más de la Biblia. ¿Qué quiso decir el escritor de Hebreos (que ya había escrito 9.27) en 11.35 cuando escribe acerca de la tortura y la persecución de los creyentes: «Hubo mujeres que recibieron otra vez con vida a sus seres queridos que habían muerto»?

¿Cuáles son los efectos secundarios de las experiencias cercanas a la muerte?

Para aquellos que han tenido una experiencia positiva, los efectos secundarios de una experiencia cercana a la muerte son importantes. Muchos regresan y afirman tales cosas como la seguridad del cielo así como la sensación de amar y ser amados.

Algunos que eran agnósticos o ateos se vuelven creyentes. Un escritor dijo: «No son más santos necesariamente. La diferencia es que ven sus vidas como oportunidades para el crecimiento espiritual».[40]

Según la International Association of Near-Death (IAND), cerca del ochenta por ciento de aquellos que han tenido una experiencia cercana a la muerte aseguran que sus vidas cambiaron para siempre. Salió a la luz un patrón de enormes dimensiones. Estos individuos no regresaron solo con un celo renovado por la vida y con una visión más espiritual; mostraron diferencias psicológicas y fisiológicas específicas en una escala a la que nunca antes se habían enfrentado. Esto es verdad tanto con niños como con adolescentes y adultos.

Estos son algunos de los efectos secundarios tal y como los recogen varios estudios:

- Ya no tenían miedo a la muerte.

- Algunos atravesaron serios periodos de depresión porque no pudieron quedarse en el cielo.
- Se volvieron más generosos y caritativos que antes de su experiencia.
- Más tarde iniciaron y mantuvieron relaciones más satisfactorias.
- Tendieron a resurgir en sus vidas asuntos sin resolver de la infancia.
- Se volvieron menos competitivos, enfrentando menos estrés y disfrutando más de la vida.
- Volvieron convencidos de que sus vidas tenían un propósito.
- Muchos hablaban de amar y aceptar a los demás con más disposición.
- Su cambio de conducta a menudo confundía (o atemorizaba) a miembros de la familia, especialmente cuando un individuo que antes era distante e insensible se volvía amable y atento.
- Los matrimonios a veces fracasaban a causa del radical cambio de personalidad de la persona que había tenido la experiencia.
- Después de una experiencia cercana a la muerte, los individuos tendían a ser más conscientes del momento presente, de vivir el ahora. No estaban dispuestos a hacer planes futuros.
- Usaban el lenguaje del lugar con libertad. Hablaban de «ir allí» y «regresar». A menudo describían la belleza de los árboles, la hierba y las flores. Reseñaban la calidad de la luz y de las fragancias que eran nuevas para ellos.
- Creían que lo que les había ocurrido era real.[41]

Reaccionar a tales efectos secundarios lleva tiempo. Las investigaciones indican que los tres primeros años tienden a ser los más confusos para la gente, casi como si todavía no hubieran regresado del todo.

De acuerdo con la International Association of Near-Death Studies, aquellos que tuvieron experiencias cercanas a la muerte venían de todos los estilos de vida e incluían la experiencia común de haber «muerto» durante una cirugía, así cómo haber sido heridos de gravedad, haberse visto involucrados en un accidente o en un intento de suicidio.[42] Como afirmamos anteriormente, muchos relatan experiencias que son positivas, desde el placer hasta la dicha. Sin embargo, unos cuantos informan de experiencias negativas y se sienten culpables, con remordimientos, temerosos, confundidos o solos.

Las reacciones inmediatas abarcan desde gente que no considera la experiencia significativa a estar intensamente preocupados con lo que les ha ocurrido. El IAND también informa de que los cambios en sus creencias abarcan desde suaves hasta extremos.

Cuando estos individuos hablan de lo que les ha ocurrido, normalmente «describen su experiencia en su propio contexto cultural. Un camionero dijo que fue disparado por un tubo de escape hacia una brillante luz. Una joven madre llamó a los Seres con los que se encontró «Gente espiritual» cuando relató por primera vez su experiencia; seis meses más tarde se había unido a una iglesia y se refería a ellos como Jesús y los ángeles.[43]

Mally Cox-Chapman recoge la experiencia de Marianne Helms, que vivió en Ginebra, Suiza, durante muchos años. En 1985 tuvo una grave reacción alérgica a una picadura de abeja en Kansas. Contó sentirse elevada desde su cuerpo y enviada hacia una luz brillante. Marianne viajó por encima de árboles como aquellos que se alinean junto a las carreteras de Europa occidental.

Como dijimos anteriormente, las experiencias cercanas a la muerte suceden en personas de cualquier religión, e incluso en aquellos sin ninguna. Los cristianos a menudo se refieren a Jesús, a un ser querido o a una figura bíblica. Los judíos llaman a los seres «ángeles». Otros se refieren a un «ser de luz» o a alguien «lleno de luz». Tales descripciones no implican una figura humana, y los individuos normalmente lo señalan al decirlo.

Incluso los cristianos que ven a Jesús no pueden describirlo ni explicar cómo sabían que era Él. Su respuesta suele ser: «Simplemente lo sabía». Suelen describir a Jesús como un ser perfecto y vestido de blanco. Cuando se les pregunta a algunos individuos si Jesús era judío o caucásico, parecen incapaces de responder. «No lo recuerdo», dice la mayoría.

No pueden describirlo con palabras, pero a menudo hablan de sentirse increíblemente amados. Algunos cuentan que Jesús les decía cosas como «Todavía no es tu hora» o «Tienes que regresar».

Cox-Chapman realiza un interesante comentario. En *La ciudad de Dios*, uno de los grandes textos del misticismo cristiano, San Agustín toma la afirmación original de Jesús que ni un cabello de la cabeza de aquellos que tienen garantizada la vida eterna caerá para concluir que en el momento de la resurrección, el cuerpo aparecerá en su estado ideal. El pensamiento de San Agustín actualmente no está de moda, porque él creía en la resurrección de la carne. Pero es digno de anotar que a través de la literatura de los estudios cercanos a la muerte, los seres queridos fallecidos aparecen sanos y físicamente enteros.[44]

Un estudio entre aquellos que intentaron suicidarse ha mostrado un interesante y sorprendente resultado. Cox-Chapman se refiere al trabajo de Bruce Greyson, editor del *Journal of Near-Death Studies*, que investigó los efectos de estas experiencias en pacientes suicidas. En vez de animarlos a atentar de nuevo sobre sus vidas, el trabajo de Greyson indicó que una experiencia cercana a la muerte tenía el efecto contrario, y los supervivientes llegaban a creer que la vida era preciosa y significativa.[45]

En otro lugar, Cox-Chapman se refiere de nuevo a Greyson, que dijo que la gente puede pasar por años de terapia y hacer algunos cambios, pero aquellos que habían tenido experiencias cercanas a la muerte a veces tenían cambios radicales de personalidad de la noche a la mañana.[46]

¿Cuáles son las características de las experiencias cercanas a la muerte?

Raymond Moody, el pionero de las experiencias cercanas a la muerte, enumera nueve rasgos que son característicos de tales episodios. Otros han identificado hasta trece. La lista de Moody es esta:

1. Sensación de estar muerto
2. Paz y ausencia de dolor
3. Experiencia extracorpórea
4. La experiencia del túnel
5. Gente de luz
6. El ser de vida
7. La revisión de la vida
8. Subida rápida a los cielos
9. Reticencia a regresar[47]

Además, los individuos a menudo dicen que en las experiencias cercanas a la muerte «el tiempo está grandemente comprimido y no tiene nada que ver con el tiempo que tenemos en nuestros relojes». Moody cita a una mujer que dice: «Puedes decir que duró un segundo o que duró diez mil años y no habría ninguna diferencia».[48]

Aunque solo un tercio de aquellos que se acercan a la muerte informan de tales experiencias, Moody y otros destacan que no hay dos experiencias cercanas a la muerte idénticas, aunque existen patrones similares tanto en adultos como en niños.

He aquí una explicación de Moody y otros que trabajan en este campo de los informes comunes de varias fuentes sobre estas experiencias.

1. Tienen la sensación de estar fuera de sus cuerpos

Esta es la experiencia inicial más común, y la gente a menudo habla de planear sobre las cabezas. A veces describen en detalle lo que ven, escuchan o lo que sucede. Algunos que nacieron ciegos son capaces de ver mientras están fuera de su cuerpo. De nuevo, a menudo escuchan al personal médico decir: «Lo hemos perdido», mientras se elevan sobre la escena y observan lo que está pasando debajo de ellos.

Ven sus propios cuerpos en la mesa de operaciones. Aunque están fuera de sus cuerpos físicos, parecen tener la sensación de poseer alguna clase de cuerpo, diferente al físico. Algunos lo han llamado un campo energético.

El doctor Michael Sabom, en su libro *Light and Death* [Luz y muerte], observa que a menudo experimentan estar fuera del cuerpo mientras que al mismo tiempo no creen que eso sea posible. Introducen sus descripciones con frases como: «Sé que parece descabellado, pero...».[49]

Moody también dice que los individuos que tienen experiencias cercanas a la muerte rompen las barreras del espacio: si «quieren ir a algún sitio, simplemente tienen que imaginarse allá». Él menciona que los pacientes resucitados «eran capaces de dejar el quirófano para observar a sus familiares en otras partes del hospital». Se refiere a una mujer que vio a su hijo en la sala de espera llevando una «tela de cuadros escoceses que no combinaba».[50]

Una mujer dijo que había escuchado a su cuñado hablar con sus compañeros de trabajo, que le preguntaban por qué estaba en un hospital. Él les dijo que se suponía que tenía que irse de la ciudad por negocios, pero que esperaba que su cuñada muriese, así que se había quedado para poder portear su féretro.[51] Más tarde él confirmó sus palabras.

2. No tienen dolor y sienten paz

Muchos informan de no sentir dolor y tener sensación de paz. A veces se refieren a sensaciones aumentadas. Algunos expresan una reacción inicial de miedo, pero desaparece y sienten gozo, paz y a menudo están intensamente felices.

Una persona dijo: «Parece mucho más real que cualquier cosa que haya experimentado en mi vida entera».

Otro dijo: «Todo lo que sentía era amor, gozo, alegría y cualquier emoción maravillosa que puedas encontrar, todo a la vez».[52]

3. Se introducen o pasan a través de un túnel

Los individuos informan de que se mueven por un espacio oscuro o un túnel y tienen la sensación de ausencia de tiempo mientras avanzan. Aunque el túnel es lo más común, algunos han hablado de escaleras que suben. Otros hablan de un sonido sibilante o un zumbido. Los reportes varían, pero la gente se mueve rápidamente por medio de un pasaje hacia una intensa luz.

Otros hablan de una experiencia en la que flotan y se elevan rápidamente hacia el cielo. Algunos más tarde hablaron de haber visto la tierra desde el espacio exterior o que eran transportados más allá de las estrellas.

4. Se encuentran con una luz brillante

Se encuentran con una luz brillante. Algunos se refieren a ella como algo blanco, dorado o magnético, y otros destacan que mientras entraban en una luz indescriptible, se sentían amados.

5. Se encuentran con gente de luz

Muchos se encuentran con gente de luz. La gente con la que se encuentran no siempre es gente normal, pero sean quienes sean hacen que la persona se sienta amada. A pesar del brillo de esos seres —que ellos dicen que son algo más brillante que ninguna cosa en la tierra— es interesante señalar que ninguno reporta que le doliesen los ojos o sentirse cegado por la intensidad.

De nuevo, muchos cristianos se refieren a esa persona como Jesús, aunque no pueden expresar qué aspecto tiene. Reportan que ellos lo reconocen intuitivamente sin que nadie se lo diga. Otros no aseguran haber visto a Dios o a Jesús, sino solo a un ser que ellos sentían era santo. Se sentían tan atraídos hacia ese ser de luz que querían quedarse para siempre.

Algunos también informan de haber visto mascotas especiales, o guías, o ángeles.

6. Ven seres queridos que han muerto

A menudo se encuentran con un ser querido o un miembro de la familia que ha muerto. Reconocen a los individuos, pero sus cuerpos están llenos de una luz indescriptible. Algunos dicen estar en una escena pastoral o mirando una hermosa ciudad desde una colina.

Unas cuantas veces han visto a los seres queridos de pie a un lado de un río o arroyo, levantando sus manos hacia ellos y llamándolos por su nombre.

7. Comprenden que no es su hora

Aunque esos individuos quieren quedarse, no se les permite. Pueden escuchar a Jesús o a una figura familiar con la que se encuentren decir: «No es tu hora». Saben que tienen que regresar. Aunque unas pocas fuentes dicen que los individuos están contentos de regresar, casi todos los relatos de experiencias cercanas a la muerte se refieren a su reticencia, tristeza o incluso depresión.

8. Revisan sus vidas

Ven y experimentan de nuevo los sucesos mayores (o a veces triviales) de sus vidas. Algunos aseguran haber visto sus vidas enteras desplegadas en una especie de visión panorámica tridimensional de todo lo que han llegado a hacer.

Aquellos que informan de una revisión total de la vida dicen que ocurre instantáneamente. No todos reportan la revisión de la vida, pero aquellos que lo hacen hablan de ser conscientes de las cosas malas, crueles y egoístas que hicieron a los demás y de sentirse momentáneamente tristes.

También están asombrados por las cosas buenas que han hecho y se sienten eufóricos o en paz. Aquellos que informan de ambas cosas comprenden que el amor es lo más importante en la vida. También tienen la sensación de los cambios vitales que tienen que realizar.

Conocer y comprender suelen venir juntos en ese momento. Saben cómo funciona el universo —puede que no sean capaces de explicarlo o de recordar el *cómo*—, pero después son conscientes de que lo comprendieron en aquel momento.

9. Llegan hasta un límite

Los individuos llegan a un lugar desde donde no pueden seguir avanzando, y deben parar. Pueden estar frente a un río, un acantilado o una enorme verja. A pesar de todo, parecen saber que no pueden ir más allá de ese punto.

10. Algunos tienen elección

Algunos informan de que Jesús o la persona que conocieron les ofrece elegir entre quedarse o regresar. Quieren quedarse, pero sienten que tienen que regresar por sus hijos, sus padres o alguna tarea significativa. A veces experimentan una sensación de tarea no realizada, pero normalmente su reticencia se debe a la paz y el amor supremos que sienten.

~~~

Después del suceso, algunos están furiosos por haber tenido que regresar. Muchos informan de que aquellos que han vivido una experiencia cercana a la muerte le dicen a sus doctores: «Si me vuelve a pasar alguna vez, déjeme marchar». Muchos regresan con una espiritualidad renovada y un hambre por Dios.

Raymond Moody hace este importante comentario:

Hay un elemento común en todas las experiencias cercanas a la muerte: transforman a la gente que las ha tenido. En mis vente años de intensa exposición a estas personas, todavía no he encontrado a uno que no haya tenido una profunda y positiva transformación como resultado de su experiencia. No quiero dar a entender que las ECM conviertan a las personas en puritanos empalagosos [...] Les ayuda a enfrentarse a los aspectos desagradables de la realidad con el pensamiento claro y las emociones frías: un modo que es nuevo para ellos.[53]

Moody dice que consultó con expertos y médicos clínicos que entrevistaron a la gente que hablaba de tales experiencias. Todos llegaban a la conclusión de que todos esos individuos se volvían mejores personas a causa de su experiencia.[54]

¿Qué es la «conciencia cercana a la muerte»?

El término «conciencia cercana a la muerte» es un término bastante nuevo, acuñado por Maggie Callanan, enfermera residente. En su libro *Final Gifts* [Regalos finales], ella escribe acerca de sus experiencias con pacientes moribundos, muchos de los cuales tenían una conciencia de seres espirituales como Jesús o un ángel, así como seres queridos que habían muerto. Algunos veían luces brillantes.

Muchos pacientes moribundos revisaban sus vidas y llegaban a una comprensión más completa del sentido de la vida. El proceso para los enfermos terminales es más gradual que para aquellos que han tenido experiencias cercanas a la muerte. A menudo, días antes de morir, los pacientes de residencias hablan de una luz en la distancia, o hablan con sus seres queridos fallecidos, a veces durante semanas antes de morir, diciendo que no están preparados para marcharse aún.

La conciencia cercana a la muerte es parte del proceso de la muerte. La persona moribunda puede parecer que mira a la distancia y habla con personas que no están presentes físicamente, o puede que incomoden a sus amigos y miembros de su familia al hablar de sus planes para ir de viaje.

Lo que ven difiere de lo que aparece ante los observadores, que a menudo presuponen que la persona está expresando divagaciones confusas, haciendo afirmaciones incoherentes, exhibiendo un comportamiento inusual o haciendo referencias sin contexto personal. Los moribundos suelen usar un lenguaje simbólico para describir una experiencia interior o un suceso que los demás no comprenden.

Estos individuos a menudo dicen que alguien que amaban que ha muerto está viniendo por ellos o está en la habitación. Las afirmaciones, una vez que las entienden los miembros de la familia, muestran las necesidades de la persona para morir en paz. No es inusual que hablen del momento de su muerte o de dejarse ir solo después de que cierto suceso o condición tome lugar.

Según la web de IANDS:

- La conciencia cercana a la muerte puede ocurrir sin un cambio repentino de la condición física como es común en las experiencias cercanas a la muerte.
- Encontrarse con familiares fallecidos es común para aquellos con conciencia cercana a la muerte.
- El propósito de la conciencia cercana a la muerte en enfermos terminales parece ser preparar a la persona para la muerte, mientras que el propósito de una experiencia cercana a la muerte a menudo es enseñar a la persona a vivir mejor.
- El enfermo terminal puede tener experiencias cercanas a la muerte durante un coma o en un estado inconsciente. Sin embargo, la gente experimenta la conciencia cercana a la muerte mientras está plenamente consciente. Suelen dejar de hablar con un familiar fallecido e inmediatamente prestan atención a lo que esté pasando a su alrededor.
- Las visitaciones difieren de las alucinaciones, porque aquellos que experimentan alucinaciones no pueden suspender

su realidad alucinatoria para hablar con la gente en la habitación.

- Los familiares o amigos vivos no se aparecen a los moribundos. A veces cuentan que han estado con alguien que la familia cree que está vivo, pero descubren que la persona ha fallecido recientemente. Si el moribundo es reafirmado en que sus experiencias son normales para ese estado de la vida, puede sentir un gran consuelo con esos encuentros.[55]

¿Qué hacen las personas cuando se les acerca la muerte?

Los individuos que se acercan a la muerte a veces revisan conscientemente sus vidas, a menudo con gran detalle. Esto es verdad incluso en personas que previamente han mostrado poco interés en el autoexamen. Estas tareas en principio tienen que ver con relaciones.

Los moribundos a menudo buscan temas en sus vidas, quizá por primera vez. Intentan identificar lo que han aprendido y aquello con lo que han contribuido al mundo en el que viven. A veces se sorprenden por sus conclusiones.

El perdón suele ser la mayor preocupación. Los moribundos a menudo se dan cuenta de la necesidad de perdonar y de ser perdonados para completar sus tareas inacabadas en la vida.

Comienzan a decir adiós a la vida y a dejar marchar las cosas, una a una. También dejan marchar los papeles que han jugado, actividades que una vez fueron importantes y, finalmente, sueltan las relaciones importantes.

Dos días antes de que una amiga mía muriese, me dijo: «Estoy renunciando a la vida, y es un tiempo de mucho gozo».

~~~

En la charla de Maggie Callanan en la conferencia anual de 1993 de la International Association of Near-Death Studies, ella contó la historia de Su, una mujer china que aceptó su situación terminal. Su marido había muerto varios años atrás. Ella dijo que podía verlo a los pies de la cama, esperándola.

Un día, estaba inquieta cuando Maggie llegó. Su preguntó a la enfermera por qué su hermana se había unido a su marido a los pies de la cama. Maggie preguntó a Su si su hermana seguía viva. Su dijo que lo estaba, pero que vivía en China. No la había visto en bastantes años.

Maggie no quiso desacreditar la visión o resolver la inquietud de Su con medicación. En vez de eso, se llevó a un lado a la hija de Su, que estaba con ellas en la habitación, y le preguntó qué podía significar la visión de Su. La hija le dijo que la hermana de Su había muerto hacía una semana, pero la familia quería proteger a Su de la noticia mientras se encontraba tan enferma.

Por el consejo de Maggie, la familia compartió la noticia. La agitación de Su desapareció.

〜〜〜

A un grupo de enfermeras de una residencia se les preguntó una vez en su acostumbrada reunión del lunes por la mañana si habían compartido experiencias similares. A las enfermeras se les instó a decir si sentían que Callanan había embellecido o adornado la verdad. Al final resultó que muchas de las enfermeras habían leído el libro de Callanan *Final Gifts*. Cuando comenzaron a escuchar la historia de Su, casi todas las enfermeras sonrieron y asintieron para confirmarlo. Muchas tenían historias similares que contar.

Las enfermeras de residencia descubrieron que la presencia percibida de miembros de la familia fallecidos es una fuente de descanso para los pacientes moribundos. Una enfermera relató el tiempo que una mujer que moría de cáncer de garganta fue visitada a diario durante varias semanas por su hermana gemela, que había muerto de la misma enfermedad dos años atrás.

Cuando la mujer moribunda anunció por primera vez a la mañana siguiente que había estado discutiendo con su hermana, la hija pensó que estaba alucinando y que la medicación le había causado malos efectos secundarios. Se quejó a la enfermera.

Durante las dos semanas que precedieron a la muerte de su madre, sin embargo, la hija llegó a creer que las conversaciones tenían una base en la realidad. Ambas hermanas habían sido pintoras, y su madre decía que ellas discutían sobre pinturas favoritas y modos de reflejar la luz. La hija se dio cuenta de que las conversaciones la ayudaban a entender que su madre se sentía cómoda con el sitio al que fuera a ir.

Otra enfermera describió a una paciente que tenía una severa demencia debido a la enfermedad de Alzheimer y que ya había tenido varios infartos. La paciente pensaba que todavía vivía en el sur y hablaba como si fueran varias décadas atrás. Era incapaz de reconocer a los miembros de la familia que la cuidaban o llamarlos por su nombre.

El día antes de morir, sin embargo, recuperó su capacidad de hablar coherentemente. Llamó a su sobrina para mostrarle la luz que veía y para describir a los miembros de su familia que se habían reunido en lo alto de la habitación. Mencionó a cada miembro de la familia por su nombre y parentesco con ella.[56]

¿Qué debemos considerar cuando nos comuniquemos con los moribundos?

He aquí una breve lista que debemos considerar hacer cuando hablemos con una persona que está muriendo:

- Sé directo y sincero, pero deja que lleve él las riendas.
- Comprende que quiera hablar de irse de viaje o de ir a casa como una metáfora para prepararse para morir.
- Sé sensible con lo cerca de ellos que quieren que te sientes, cuánta compañía quieren y cuánta charla les resulta cómoda. La gente varía mucho en estas lides, y es importante preguntarle a cada uno qué les resulta cómodo.
- Reconoce que la piel de la gente se vuelve más sensible mientras se acercan a la muerte. Incluso una suave caricia puede ser irritante en esas ocasiones. Simplemente sujetar su mano con suavidad puede ser lo más cómodo.
- Comprende que mientras se acercan a la muerte puede que quieran retirarse como parte del proceso de despedirse de esta vida y de todo lo que ha significado. Puede que sean incapaces de centrarse o asimilar lo que pasa a su alrededor o con los miembros de la familia, y puede que no desee visitas de sus seres queridos tanto como quería antes. Es importante que tus sentimientos no se sientan

heridos, sino que comprendas que esta puede ser una parte necesaria de su preparación para morir.

- Reconoce que los moribundos a menudo tienen la capacidad de elegir el momento real de la muerte. Por esta razón, no es inusual que la gente muera cuando sus seres queridos están fuera de la habitación, incluso por un tiempo muy breve, para evitarles. Es como si para algunos que mueren fuera más sencillo dejarse ir cuando están solos. Los miembros de la familia que no lo comprenden a menudo se sienten innecesariamente culpables ante tales circunstancias.

- Recuerda que los enfermos terminales pueden permanecer cerca de la muerte durante largos periodos de tiempo si están esperando que un familiar o un amigo importante llegue para estar junto a su cama. Pueden aguantar con la intención de completar un asunto inacabado con ellos.

- Comprende que a muchos moribundos les gusta tener a alguien con ellos, pero quizá no deseen (o no sean capaces) de interactuar mucho. Tu tranquila presencia puede ser todo lo que quieran.

- Permíteles que hablen de su conciencia cercana a la muerte y de cualquier experiencia cercana a la muerte si les ha ocurrido, pero que sepas que no todos los moribundos comparten esas experiencias. Todavía no hay estudios que expliquen por qué algunas personas las tienen y otras no.

- Muchos moribundos pueden mantenerse bastante cómodos. Si tu ser querido parece estar incómodo, por favor, notifícaselo a su cuidador médico.

- Este estado de la vida a menudo proporciona las interacciones más poderosas que los seres queridos tendrán durante su vida entera.[57]

¿Puede un ser querido fallecido aparecerse realmente a una persona?

Para responder a esta pregunta, primero tenemos que reconocer que la Biblia no hace ninguna referencia a la aparición física de aquellos que han muerto. Jesús, que fue resucitado, es el único caso.

La Biblia condena cualquier intento de interactuar con los muertos. Versículos como Levítico 19.31; Deuteronomio 18.9–12; Isaías 8.19 —y otros— ordenan en contra de esta práctica.[58]

En 1 Samuel 28.3–25 el rey Saúl se disfraza y va a una médium (o a una bruja) que vivía en Endor. Lo hizo a pesar del hecho de que Dios había ordenado a los judíos que nunca buscaran a los nigromantes o médiums. El rey Saúl le aseguró que no sería asesinada por sus artes oscuras y dijo: «Llama a Samuel» (v. 11).

Samuel se aparece y reprocha al rey su «llamada» (ver v. 15). Le dice a Saúl que se ha convertido en un enemigo de Dios y que Dios le quitará el reino y se lo dará a David al día siguiente. También dice: «Y mañana tú y tus hijos estarán aquí conmigo» (v. 19), lo que significaba que morirían. Eso es exactamente lo que pasó.

Un segundo punto a tener en cuenta es que aquellos que trabajan con moribundos dicen que no es inusual que aquellos que están sufriendo *sientan* o *perciban* la presencia de sus seres queridos fallecidos recientemente, que parece que están comprobando cómo están. «Puede que escuchen palabras, vean su imagen, huelan un aroma familiar como una loción de afeitado favorita o simplemente sientan su presencia».[59] (Sin embargo, la Biblia insiste en ordenar no *buscar* a los muertos.)

Algunas personas pueden necesitar alguna clase de cercanía con los seres queridos, aunque no lo pidan. ¿No es posible que un cariñoso Dios de gracia pueda mandar un recordatorio temporal o una conciencia de una persona a la que querían muchísimo?

Últimas palabras de famosos y de infames

«Padre, ¡encomiendo mi espíritu en tus manos!». —Jesucristo (Lucas 23.46)

«Señor Jesús, recibe mi espíritu [...] ¡Señor, no los culpes por este pecado!». —Esteban, primer mártir cristiano (Hechos 7.59–60)

«Yo creo, Señor, y confieso. ¡Ayuda mi incredulidad!». —Pedro el Grande (1672–1725)[60]

«Muero antes de tiempo, y mi cuerpo será devuelto a la tierra para convertirse en pasto de gusanos. Ese es el destino de aquel que ha sido llamado el gran Napoleón. ¡Qué abismo se abre entre mi profunda miseria y el reino eterno de Cristo!». —Napoleón Bonaparte (1769–1821)[61]

«¡Hermoso!». —Elizabeth Barrett Browning (1806–1861)[62]

«Si he de ser salvado, no es como príncipe, sino como pecador». —Eduardo Augusto (1767–1820), padre de la reina Victoria[63]

«Es muy hermoso allá». —Thomas Alva Edison (1847–1931)[64]

~~~~~

El famoso evangelista del siglo XIX Dwight L. Moody (1837–1899) dijo a su familia: «La tierra se aleja. El cielo se abre ante mí [...] Si esto es la muerte, ¡es dulce! No hay ningún valle aquí. Dios me está llamando, y debo ir». El hijo de Moody trató de decirle a su padre que había estado soñando, a lo que Moody respondió: «No estoy soñando [...]He visto la cara de los niños». Unas de sus últimas palabras fueron: «Este es mi triunfo; ¡este es el día de mi coronación! ¡Esto es glorioso!».[65]

John Newton (1725–1807), antiguo traficante de esclavos que escribió «Sublime gracia», dijo: «Todavía estoy en la tierra de los que mueren; pronto estaré en la tierra de los vivientes».[66]

Se cuenta que un chino comunista que había presenciado las últimas palabras de muchos cristianos entregados para su ejecución, le dijo a un pastor: «He visto a muchos de ustedes morir. Los cristianos mueren diferente. ¿Cuál es su secreto?».

Karla Faye Tucker Brown (1959–1998), ejecutada por asesinato, dijo: «Voy a estar cara a cara con Jesús ahora. Les veré cuando lleguen allí. Les esperaré».[67]

El presidente de Estados Unidos Andrew Jackson (1767–1845) dijo: «No lloren: sean buenos hijos y nos encontraremos todos en el cielo».[68]

El arzobispo de Canterbury Thomas à Becket (1118–1170) afirmó: «Estoy preparado para sufrir por mi Señor, que con mi sangre la Iglesia obtenga libertad y paz».[69]

El político y escritor Joseph Addison (1672–1719) dijo: «Miren con cuánta paz puede morir un cristiano».[70]

〰〰〰

Jan Hus (conocido como John Hus o John Huss) (1369–1415) fue un reformador antes de la Reforma protestante. Cuando se le pidió que se retractase para salvar su vida, dijo: «Dios es mi testigo de que nunca prediqué las cosas de las que se me acusa. En la misma verdad del evangelio que he escrito, enseño y predico, recurriendo a los dichos y posiciones de los santos doctores, estoy listo para morir hoy». Hus fue quemado en la hoguera y sus cenizas fueron tiradas al río Rin.[71]

Thomas Cranmer (1489–1556), arzobispo de Canterbury, se convirtió en protestante y desafió al papa. Después de ser torturado, se retractó y debió haber sido liberado. Sin embargo, la reina María, deseando hacer de él un ejemplo, lo condenó a ser quemado en la hoguera. Él se arrepintió de su retractación y fue condenado a morir por el fuego de la hoguera. Levantó su mano derecha (la mano que había firmado su confesión) y la llamó su «indigna mano derecha». Mientras las llamas comenzaban a arder, él gritó: «Señor Jesús, recibe mi espíritu [...]

Veo los cielos abiertos y a Jesús de pie a la derecha de Dios».[72]

Hugh Latimer (c. 1487–1555), el obispo de Worcester y último capellán del rey Eduardo VI, fue quemado en la hoguera con Nicholas Ridley. Latimer gritó: «Anímate, Ridley, y compórtate varonilmente. Por la gracia de Dios, vamos hoy a encender tal vela en Inglaterra, que espero que no será jamás apagada».[73]

Policarpo (c. 70–168 A.D.), discípulo del apóstol Juan, dijo a su muerte: «Durante ochenta y seis años he sido su siervo, y no me ha hecho mal alguno. ¿Cómo puedo ahora blasfemar de mi Rey que me ha salvado?». Policarpo fue quemado en la hoguera por negarse a quemar incienso al emperador romano.[74]

NOTAS

1. Jeffrey Burton Russell, *A History of Heaven* (Princeton, NJ: Princeton UP, 1997), pp. 40–41.

2. La traducción griega del Nuevo Testamento, a menudo denominada LXX.

3. Russell, *A History of Heaven*, p. 13.

4. Ibíd.

5. Scofield Reference Notes, Mateo 6, http://www.biblestudytools.com/commentaries/scofield-reference-notes/matthew/matthew-6.html.

6. Gary R. Habermas y J. P. Moreland, *Beyond Death: Exploring the Evidence for Immortality* (Wheaton, IL: Crossway Books, 1998), p. 283.

7. Colleen McDannell y Bernhard Lange, *Heaven: A History* (New Haven, CT: Yale Note Bene, 2001), p. 20.

8. Ibíd., p. 21.

9. Ibíd., p. 20.

10. Ibíd., p. 21.

11. Stanley J. Grenz, *Theology for the Community of God* (Grand Rapids, MI: William B. Eerdmans, 1994), p. 589.

12. Ibíd., p. 589.

13. Ibíd., p. 590.

14. Ibíd., p. 591.

15. Kevin Knight, «Catholic Doctrine», New Advent, 2009, http://www.newadvent.org/cathen/12575a.htm.

16. Ibíd.

17. Louis Berkhof, *Systematic Theology* (Grand Rapids, MI: William B. Eerdmans, 1996), p. 735. [*Teología sistemática* (Grand Rapids, MI: Libros Desafío, 1995)].

18. Morton T. Kelsey, *Afterlife: The Other Side of Dying* (Nueva York: Crossroad, 1985), p. 251.

19. Gary R. Habermas y J. P. Moreland, *Beyond Death: Exploring the Evidence for Immortality* (Wheaton, IL: Crossway Books, 1998), p. 312.

20. William Crockett, editor, *Four Views on Hell* (Grand Rapids, MI: Zondervan Publishing House, 1992), pp. 12–13.

21. Ibíd., p. 14.

22. Kevin Knight, «Limbo», New Advent, http://www.newadvent.org/cathen/09256a.htm.

23. Joseph P. Gudel, Robert M. Bowman Jr. y Dan R. Schlesinger, «Reincarnation—Did the Church Suppress It?», *Christian Research Journal* (verano 1987): pp. 8–12, consultado en http://www.mtio.com/articles/aissar14.htm.

24. Ibíd.

25. Habermas y Moreland, *Beyond Death*, pp. 156–57.

26. Ibíd.

27. Ibíd, p. 159.

28. Ibíd.

29. Ibíd.

30. Ibíd., p. 160.

31. Ibíd., pp. 162–63.

32. Ibid. p. 163.

33. Alan Hippleheuser, «Near-Death Experiences (NDEs) 101: How Many People Have NDEs?», 25 julio 2009, http://www.examiner.com/article/near-death-experiences-ndes-101-how-many-people-have-ndes.

34. Susan J. Blackmore, *Dying to Live: Near-Death Experiences* (Amherst, NY: Prometheus, 1993).

35. Habermas y Moreland, *Beyond Death*, p. 184.

36. Mally Cox-Chapman, *The Case for Heaven: Near-Death Experiences as Evidence of the Afterlife* (Nueva York: G. P. Putnam's Sons, 1997), p. 1.

37. Ibíd., pp. 1–2.

38. Ibíd., p. 2.

39. La International Association for Near-Death Studies (IANDS) se encuentra en http://www.iands.org/home.html.

40. Cox-Chapman, *The Case for Heaven*, p. 10.

41. P. M. H. Atwater, «Aftereffects of Near-Death States», 1998, International Association for Near-Death Studies, http://iands.org/about-ndes/common-aftereffects.html#a3.

42. International Association for Near-Death Studies, http://www.iands.org/home.html.

43. Cox-Chapman, *The Case for Heaven*, p. 17.

44. Ibíd., p. 41.

45. Ibíd., p. 119.

46. Ibíd., p. 162.

47. Raymond A. Moody con Paul Perry, *The Light Beyond* (Nueva York: Bantam Books, 1988), pp. 18–19.

48. Ibíd., p. 14.

49. Dr. Michael Sabom, *Light and Death* (Grand Rapids, MI: Zondervan, 1998), p. 202.

50. Moody, *The Light Beyond*, p. 14.

51. Ibíd., p. 15.

52. Jeffrey Long con Paul Perry, *Evidence of the Afterlife* (Nueva York: HarperOne, 2010), p. 8.

53. Moody, *The Light Beyond*, p. 27.

54. Ibíd.

55. Pamela M. Kircher, MD, Maggie Callanan, RN, CRNH y la junta de directores de IANDS, «Near-Death Experiences and Nearing Death Awareness in the Terminally Ill», IANDS, https://iands.org/about-ndes/nde-and-the-terminally-ill.html.

56. Ibíd.

57. Ibíd.

58. La «necromancia» defiende comunicarse con los muertos convocando a sus espíritus como una aparición o corporalmente. El propósito del sortilegio normalmente es predecir sucesos futuros, como en la historia del rey Saúl.

59. Kircher, Callanan y la junta de directores de IANDS, «Near-Death Experiences».

60. Citado en Frederic Rowland Marvin, *The Last Words (Real and Traditional) or Distinguished Men and Women* (Nueva York: Fleming R. Revell, 1902), p. 224.

61. Citado en John Stevens Cabot Abbot, *The History of Napoleon Bonaparte*, vol. 1 (Nueva York: Harper & Bros, 1955), p. 246.

62. Citado en Mary Anne Sanders, *Nearing Death Awareness: A Guide to the Language, Visions, and Dreams of the Dying* (Filadelfia: Jessica Kingsley, 2007), p. 39.

63. Citado en Baptist Missionary Society, *The Baptist Magazine and Literary Review*, vol. 36 (Londres: Houlston and Stoneman), p. 242.

64. Francis Trevelyan Miller, *Thomas A. Edison: Benefactor of Mankind* (Gran Bretaña: John C. Wenston, 1931), p. 284.

65. William R. Moody, *The Life of Dwight L. Moody* (Nueva York: Fleming H. Revell, 1900), pp. 552–53.

66. Citado en eds. Isaac K. Funk y J. M. Sherwood, *The Homiletic Review*, vol. 13, nos. 1–6 (Nueva York: Funk & Wagnalls, 1887), p. 497.

67. Cornelia Grumman, «Karla Tucker Put To Death In Texas», *Chicago Tribune*, 4 febrero 1998, http://articles.chicagotribune.com/1998-02-04/news/9802040061_1_karla-faye-tucker-debate-on-capital-punishment-victims-families.

68. Citado en E. Thurston, «Sermon CCCCV», septiembre 1845, en Austin Dickinson, *The American National Preacher*, ed. W. H. Bidwell (Nueva York, 1845), p. 192.

69. Edwin A. Abbott, *St. Thomas of Canterbury: His Death and Miracles*, vol. 1 (Londres: Adam and Charles Black, 1898), p. 105.

70. Citado en Edward Young, *Conjectures on Original Composition* (Londres: A. Millar, 1759), p. 102.

71. David Schley Schaff, *John Huss: His Life, Teachings and Death, After Five Hundred Years* (Nueva York: Charles Scriber's Sons, 1915), p. 257.

72. Ver John Foxe, «Historia de las persecuciones en Gran Bretaña e Irlanda, antes del reinado de la Reina María I», en *El libro de los mártires* (Barcelona: CLIE, 1991), pp. 229–39.

73. Foxe, *El libro de los mártires*, p. 282.

74. San Ireneo, «Epístola de la iglesia de Esmirna a la de Filomelio» (del 2o siglo), disponible en http://escrituras.tripod.com/Textos/EpEsmirneanos.htm.

AGRADECIMIENTOS

Estamos agradecidos a Stan Jantz y al resto de Regal por pedirnos que escribiésemos este libro. La edición de Mark Weising y la promoción de Jackie Medina merecen una alabanza. Debido al acertado ojo de Wanda Rosenberry en las pruebas, nuestro libro es mejor. Gracias a Deidre Knight, nuestra incansable agente literaria, que siempre mira por nuestros intereses, y a Gail Smith por su ayuda con la investigación.

Un gran número de gente contribuyó con sus historias personales a este libro y apreciamos su ayuda.

‹‹‹‹‹‹‹›››››››

Cec Murphey: a pesar de la salud en declive de mi esposa, Shirley me animó con entusiasmo para que escribiera este libro. Nuestra hija, Cecile Hege, se hizo cargo de muchas tareas del hogar en este periodo y me dio más tiempo para trabajar en este libro.

‹‹‹‹‹‹‹›››››››

Twila Belk: No ha sido fácil, pero mi marido, Steve, me mantuvo con los pies en la tierra mientras mi mente y mi corazón estaban en el cielo y querían quedarse allí. Estoy agradecida a nuestro maravilloso Señor por la esperanza del cielo. Anhelo el día en que le vea cara a cara.